나는 간호사입니다

태움은 이제 그만
아픈 것은 죄가 아닙니다

나는 간호사입니다   개정판

초판 1쇄 발행 | 2022년 11월 18일
개정판 발행 | 2024년 6월 20일

지은이 | 천정은
펴낸이 | 김지연
펴낸곳 | 마음세상

주소 | 경기도 파주시 한빛로 70 515-501

출판등록 | 제406-2011-000024호 (2011년 3월 7일)

ISBN | 979-11-5636-552-5 (03190)

ⓒ천정은

원고투고 | maumsesang2@nate.com

* 값 16,200원

개정판
NEW Edition

나는 간호사 입니다

천정은

"나는 멋진 간호사!"

환자를 존중하는
진정한 의료인의 길

마음세상

제3장 내가 가고 싶은 병원

제4장 이제는 바뀌어야 한다

제5장 나는 간호사입니다

제1장
나는 의료인입니다

리즈 시절이 된 3교대 근무

두근두근 첫 입사 날이다. 동기들끼리 떨리는 가슴을 부여잡았다. 응급실과 중환자실은 피하고 싶었다. 드디어 간호부장이 우리들이 발령지를 발표했다.

내 기대와 달리 나는 응급실로 발령을 받았다. 늘 나의 예감은 틀렸다는 걸 실감하는 순간이었다. 실습 때 가장 힘들고 바빴던 기억이 있었기 때문이다.

응급실로 향하던 첫날 두려운 마음을 움켜쥐고 외부인 출입금지 푯말이 적힌 문을 열고 들어갔다. 이제부터 나의 생활터전은 이곳이라는 생각에 과감하게 용기를 내고 가슴을 펴고 심호흡을 했다. 바쁘고 힘든 곳에서 과연 내가 살아남을 수는 있을까? 내 유리 멘탈이 버틸 수는 있을까? 이상한 선배들이 있는 건 아닐까? 90도로 인사를 한 후 한 명 한 명 얼굴을 살폈다. "어디 두고 보자."라며 썩소를 짓는 선배, 가식적인 웃음을 보이는 수간호사, "잘해보자."라며 차가운 말투를 건네는 선배를 본 순간 나는 얼음이 되었다.

한두 달은 일을 배우기 위해 남들보다 한 시간은 일찍 출근하라는 명령이 떨어졌다. "네, 알겠습니다."를 외쳤지만 속마음은 '지금부터 시작인 건가?' 두려움이 밀려왔다. 30분도 아니고 한 시간이나 일찍 오라는 건 좀 너무했다. 그래도 어쩌겠는가? 하라면 해야 하는 신규 간호사였으니 1시간 일찍 와서 열심히 듣고 메모를 하며 뛰어다녔다. 그들의 눈 밖에 나지 않기 위해 최선을 다했다. 행여나 인계시간 때 신규 간호사를 데리고 일하기 힘들다는 소리가 나올까봐 초조했다.

　간호사의 세계는 일반 직장의 세계와는 달랐다. 서열이 엄격한 그들에게 선배는 하늘같았고, 그들의 말은 복종의 의미였기 때문이다. 밤에 잠을 자려고 누워도 쉽게 잠이 오지 않는다. 긴장된 탓에 숙면을 취하기가 어려웠다. 뿐만 아니라 3교대를 하면서 나의 몸 상태가 이상해졌다. 나이트 근무를 하고 난 후에는 속이 울렁거리며 어지러웠고, 정신적인 스트레스로 퇴근 후에 잠을 자기 힘들었다. 내가 실수한 건 있는지, 어제 한 일을 생각하느라 잠을 자기는커녕 뜬눈으로 누워 있다가 일어났다. 밖은 해가 쨍쨍한데 한낮에 잠을 잔다는 것도 불가능했다. 그렇게 다시 출근 시간이 임박할 때 쯤 눈꺼풀이 감기기 시작했고 몸은 천근만근이다.

　나이트 근무를 3개정도 연속으로 하고 난 후의 내 몸 상태는 한마디로 맛이 갔다. 직장생활이 정말 힘들구나, 한숨이 나왔다. 선배 간호사들에게 쓴 소리를 듣지 않기 위해 늘 긴장을 하다 보니 두통은 내 친구가 되었다. 조금이라도 한가하면 드레싱카 청소도 해야 하고, 물건 정리도 해야 했다. 막내 간호사가 정리 및 청소를 해야 한다는 묵인적 암시가 있었기에 잠시도 쉴 시간이 없었다.

그나마 조금이라도 나를 생각한 선배는 커피 마시라며 챙겨주기도 했다. 그 한마디에 감동받아서 "감사합니다."를 몇 번씩 했다. 눈물이 날 뻔 했다. 다만 이렇게 챙겨주는 선배는 한두 명 뿐인 게 문제다. 대부분은 말조차 건네지 않고 열심히 일만 하라고 채찍질을 해댔다. 그래서 한 달 근무표가 나오면 가장 먼저 보는 게 누구랑 근무하는지가 중요했다. 나에게 커피를 마시라고 챙겨준 선배와 근무가 몇 번이나 있는지 눈 빠지게 찾았다. 딱 2번밖에 없었다.

내가 제일 싫어하는 앙숙과 5번이나 같이 일해야 한다는 걸 아는 순간 화가 치밀었다. 이런 것도 재수가 없다고 해야 하나? 악녀는 나를 가만두지 않았다. 아니, 잠시 쉴 틈조차 주지 않고 일을 시켰다. 내 몸을 채찍질해가며 일한 결과 나는 하시모토 갑상선염, 만성두통, 방광염이라는 병을 얻었다. 악녀와 일한 시간동안 우울증이라는 병도 함께 동반되었다. 그렇게 6년의 응급실 생활을 했다. 시간이 흐를수록 선배라는 호칭이 붙었지만, 그래도 개처럼 일했다.

물론 3교대 근무를 하면서 장점도 있다. 오후에 볼일을 볼 수도 있고, 나름 시간을 효율적으로 보낼 수도 있다. 물론 신규 간호사일 때는 불가능했지만 나의 후배가 들어올 때쯤 나는 익숙한 일에 조금의 여유를 느꼈다. 아침 근무가 끝난 후 영화도 보러 다니고 쇼핑도 하러 다녔다. 나름 일의 보상이라 생각하며 피곤한 몸을 이끌고 돌아다녔다. 한적한 식당에서 여유를 부리며 밥을 먹기도 하고, 텅 빈 영화관에서 혼자 영화를 즐기며 그 많던 놀이공원에서 타고 싶은 놀이기구를 실컷 타며

즐거운 시간을 보냈다. 딱 거기까지가 장점이었다.

3교대 근무를 해서 얻은 가장 큰 단점은 나의 건강 문제였다. 내 몸의 호르몬이 이상해졌는지 생리가 뚝 끊기기 시작했다. 산부인과에 가서 검사를 해보니 호르몬이 불규칙하다며 숙면을 취하고 잘 먹고 휴식을 취하라는 이야기를 들었다.

3교대 근무의 후유증은 그렇게 몇 년 동안 나를 걱정과 불안의 순간으로 몰아넣었다. 결혼도 안한 간호사가 산부인과를 몇 번씩 드나드는 건 기본이고 내과 신경과 안과 이비인후과를 내 집 드나들 듯 다녔다. 여유로운 생활 뒤에 만성질병이라는 혹독한 대가를 치러야 했다. 간호사의 세계는 결코 녹록치 않았다.

내 윗 선배는 늘 나에게 쓴 소리를 해댔고, 작은 실수도 큰 일처럼 부풀려서 소문을 냈다. 오버 타임으로 일하는 걸 당연시 여겼고 신규 간호사라는 타이틀로 뼈 빠지게 일해야만 했다. 그들의 눈에 어긋나지 않기 위해서 말이다.

3교대 근무를 6년 동안 하면서 많은 추억과 아픔이 밀려왔다. 이브닝 근무 후 퇴근을 하려는데 교통사고 환자가 한꺼번에 몰려와 다시 근무복으로 갈아입고 밤새 일했던 기억도 있었고, 농약 먹고 들어온 환자에게 위 세척을 하다가 뺨맞은 기억도 있고, 술 먹고 온 환자가 불을 지르겠다며 협박하는 사람도 있었다.

한겨울 눈이 많이 오는 날, 응급실 당직의가 건넸던 바나나 우유와 빵은 추억의 먹거리가 되었고, 밤새 일한 후 아침부터 마셨던 술은 내 삶의 힘겨움을 고스란히 드러냈다. 지난날을 되돌아보니 많은 추억들이 스쳐 지나간다.

하시모토 갑상선염이라는 진단을 받고 집으로 가는 날, 나는 임신이 안 될 수도 있다는 의사의 말에 내 몸 버려가며 3교대 근무를 계속해야 할지 많은 고민을 했고 질리듯 했던 3교대 근무를 잠시 벗어나야겠다고 생각했다.

　나를 위해서 결정했지만 그 후에 했던 상근직과 비교해 보면 3교대 근무만큼 보람과 뿌듯함은 없었다. 잠이 오지 않아 뜬눈으로 출근을 하고, 선배들의 혹독한 가르침을 배우며, 무엇보다 내 삶의 리즈 시절이었다. 내 인생에서 가장 힘들기도 했고 회의감도 느꼈지만 가장 큰 보람을 느꼈던 시절이다. 죽을 듯 힘든 시간도 견디고 버티다 보니 지금의 내가 있는 것 같다. 인생이 이런 게 아닐까? 포기하지 않고 버티다 보면 지금의 자신의 모습이 완성되는 것 말이다.

내가 응급실에서 배운 것

직업병이 생겼다. 앰뷸런스 소리만 들리면 걸음을 멈춘다. 제발 빨리 도착하기를, 차들이 빨리 비켜주기를 간절히 바랬다. 응급실에 근무하면서 하루에도 몇 차례 앰뷸런스가 도착한다. 그중에선 생명과 직결되지 않는 사람도 있지만, 대부분은 생명과 직결되었다. 몇 분 몇 초로 삶과 죽음을 오가는 사람들 말이다.

심폐소생술을 해야 하는 사람, 출혈이 심한 사람, 호흡곤란으로 급박한 상황에서 최대한 빠르게 움직여야 했다. 급한 성격이 고쳐지지 않는 건 이런 이유인 듯했다. 밥도 5분 안에 먹을 정도로 성격이 급해졌다. 응급실에서는 모든 게 빨리 빨리 정확하게 해야 했기에 살이 찔 겨를이 없었다. 몸무게는 갈수록 빠졌다. 내가 처음 밤 근무를 할 때 앰뷸런스에 도착한 사람은 여대생이었다.

대학생은 누군가에게 구타를 당해서 얼굴은 피멍과 출혈이 있었고, 온몸은 전깃줄로 맞은 흔적이 있었다. 경찰까지 와서 조사를 했고, 그 여대생의 몸은 그야말로 충격을 자아냈다. 며칠 동안 그 여대생이 생각나서 미칠 지경이었다.

사람이 이렇게까지 구타를 할 수 있을까? 가해자는 왜 그랬을까? 미친 사람 아닐까? 몇 달의 치료 후 그 여대생은 퇴원한 걸로 알고 있지만, 정신적인 충격이 심해서 정신과 치료를 병행했다는 후문이 돌았다. 가장 꽃다운 나이에 왜 이런 끔찍한 일이 일어났는지 참담했다.

바쁜 와중에 앰뷸런스가 또 도착했다. 자살을 시도하며 그라목손 농약을 마시고 온 환자는 위세척을 하고 중환자실로 입원했지만 결국은 사망했다. 앰뷸런스에 타고 온 구조대는 병원에 어떤 환자가 몇 분 후에 도착할거라고 미리 연락을 준다. 거기에 맞게 처치를 준비하는 게 간호사의 일이다. 하지만 아무리 신속하게 준비하고 처치를 해도 막상 죽음을 본 순간은 허탈감이 밀려왔다.

하루에도 몇 차례 앰뷸런스 소리를 듣다보면 나도 모르게 귀에서 에엥에엥 소리가 들렸다. 한번은 밤에 잠을 자는데 이명처럼 소리가 들려서 이비인후과에 간 적도 있었다. 소방차 노래가 아이들 사이에서 인기라지만 나는 이 노래가 싫었다. 내 직업병의 후유증인 듯했다.

스트레스로 인한 이명이라는 진단을 받았지만 그 후에도 앰뷸런스 소리가 귀에 멤도는 건 어쩔 수 없었다.

나는 간호사입니다

처음 응급실에서 근무한날 앰뷸런스의 도착과 함께 한 명이 침대 위로 올라가 CPR을 하고 한 명이 Ambu bag 을 잡으며 처치실에서 긴박한 상황을 보면서 과연 내가 일할 수 있을까? 무서웠다. 처음과 달리 한달 두 달이 지날수록 나 역시 그들처럼 심폐소생술을 하고 빠르게 산소통을 연결하고 수액을 다는 수준까지 되었다. 두려 움에 못할 것 같은 일들이 현실에서는 과감하게 행동하 게 되었다.

그 후부터 나는 무슨 일이든 처음이 어렵다는 교훈을 가슴에 새기며 살아간다. 아마추어에서 프로가 되는 힘 난한 과정을 견뎌야 베테랑 간호사가 될 수 있다는 말 이다.

나는 몇 번의 앰뷸런스를 탔다. 언니가 희귀성 질환 으로 중환자실에서 치료를 받을 때 가망 없다는 의사 의 말을 뒤로 하고 지푸라기라도 잡겠다는 심정으로 서 울의 모 대학병원으로 이송을 했다. 앰뷸런스에 언니를 태우고 내가 그토록 싫어하는 앰뷸런스 소리를 크게 들으며 고속도로를 질주했다. 모든 차들이 한쪽으로 비켜주고 빠르게 달리는 속도와 달리 언니의 숨소리는 점점 가늘어졌다. 긴박한 상황이 발생했다. 더 이상 이대로 달렸다가는 죽겠다는 생각에 심폐소생술을 하며 다시 되돌아갔다. 그렇게 앰뷸런스는 응급실까지 초스피드로 달렸고 그 후 언니의 투병생활은 시작되었다. 삶과 죽음을 넘나드는 앰뷸런스 안에서 나는 "제발, 제발!"을 외치며 심폐소생술을 했다. 앰뷸런스를 타본 자는 안다. 얼마나 급박하고 급박한지를. 응급실에 일하는 6년 동안 앰뷸런스 소리가 들리면 가슴이 철렁했다. 나도 모르게 "제발, 제발!"을 소리쳤다.

 늘 긴박한 상황에서 일해야 했던 6년간의 시간은 나에게 많은 깨달음과 삶의 의미를 알게 해주었다. 살고 싶어도 죽음 앞에 있는 환자들을 보며 산다는 건 누구에게나 소중한 일이라는 걸 알았다. 나에게 오늘이 마

나는 간호사입니다

지막 하루라면 나는 어떻게 살아야 할까? 응급실에서 일하면서 나는 삶의 자세에 대해 배웠고 생명의 소중함을 알게 되었다. 그 후에도 앰뷸런스 소리가 들리면 나는 늘 내가 일했던 과거를 떠올린다. 오늘도 의료인들의 손 빠른 처치로 한 생명이 살아나기를 바라면서 말이다. 꽉 막힌 도로에서 앰뷸런스 차를 비켜주는 게 당연한 예의다. 우리의 가족이 타고 있다는 생각으로 말이다.

오늘도 앰뷸런스 소리가 내 귓가에서 울린다. 누구에게나 공평한 죽음 앞에서 어떻게 삶을 살아야할 지 잠시 생각해 본다. 각자의 자리에서 최선을 다하며 약자에게 따뜻한 손을 내밀 수 있는 사람이 되길 간절히 바래본다.

회의감을 견디고
20년 경력을 채우다

간호사로 일하면서 사람의 생명을 살리는 일에 보람을 느꼈다. 늘 긴박한 상황에 함께 한 의료인들과 환자들을 보면서 말이다. 하지만 이런 보람 뒤에 회의감도 느꼈다. 간호사가 군대문화라는 말은 익히 들어서 알고는 있었지만, 군대보다 더 심했다. 서열 사회에서 딱딱한 말투와 차가운 표정은 견디기 어려웠다. 모르는 걸 물어봤다간 괜히 무시당하지 않을까 고민했고, 야단맞

나는 간호사입니다

는 날이면 어딘가로 숨고 싶었다. 괜히 자신감이 바닥을 치면서 간호사 적성에 맞기는 할까? 심각한 고민까지 했다. 출근하는 시간이 다가오면 심장의 박동이 요동치기 시작했고 병원 문 앞에 들어선 순간부터 온몸에 긴장이 되었다. '제발 오늘은 무사히 넘어가기를.' 이렇게 주문을 외우고 들어갔다. 나름 열심히 일해도 사람이기에 실수할 때도 있다. 당시 나의 차지 선생님은 그런 실수를 용납하지 않았다.

늘 컴퓨터 모니터 앞에서 지시하는 게 익숙한 차지는 작은 실수라도 크게 꾸짖었다. 그렇게 영혼이 털린 채 일을 하고 퇴근하는 날에는 계속 일할 수 있을까? 다른 일로 이직할까? 고민의 고민을 거듭했다. 뛰어다니며 일을 해도 밥 먹을 시간조차 없었다. 선임 선생님은 그런 나를 보면서도 도와주기는커녕 빨리 빨리 안한다며 야단치기 바빴다. 나중에는 괘씸한 생각까지 들었다. 자기 입으로 들어가는 건 당연한 거고 나는 굶어도 되는 사람인가? 이런 간호사의 문화를 견디지 못하는 내 동료는 사표를 던졌다. 참고 참았다면서 던진 사표를 보며 나는 부러울 따름이었다. 사표를 던질 용기가 없었던 나는 직장에 목매여 "죄송합니다. 앞으로 잘하겠습니다."라고 연신 말했기 때문이다. 그 동료는 약대 편입에 합격해서 현재는 약사로 일하고 있다. 멋진 인생을 사는 듯 보여서 그 동료가 지금도 부럽다. 함께 밤 근무를 하며 울고 웃었던 날들이 기억 저편에 자리 잡고 있다.

사실 간호사들은 이직률이 높다. 견디고 견디다 사표를 던지는 사람이 대부분이다. 일도 많은데 사람까지 힘들게 하면 견디려고 노력해도 견딜 수가 없다. 꼭 못된 사람 한 둘은 어디서든 있기 때문이다. 자신의 올챙이 적 생각은 하지 않고 남에게 왜 못하냐며 버럭 화내는 사람 때문에 간호사들은 오늘도 사직서를 가슴에 넣고 출근한다. 그냥 눈감아줘도 될 작은 일에도 열을 올

나는 간호사입니다

리며 야단치는 사람들이 꼭 있다. 자기의 실수는 넘어가면서 말이다. 매사 부정적인 에너지를 뿜어내는 사람들 또한 꼴불견이다. 사람은 환경에 적응하는 사람이라서 부정적인 사람들 옆에 있으면 어느 순간 나 역시 부정적으로 바뀌게 된다. 나 역시도 그랬다. 내 윗 선배는 늘 말을 부정적으로 내뱉었다. "일하기 싫다. 네가 해라. 병원 많다. 다른 곳 찾아봐라." 이 선배의 입에선 긍정의 말이 나올 때가 없었다. 잘하면 자기 탓, 못하면 남 탓이었다.

아니나 다를까 몇 달 후 나 역시도 습관적으로 '이 병원은 이런 게 싫어. 병원도 많은데 퇴사할까?' 다른 병원과 비교하며 나 스스로를 낮추는 습관을 갖게 되었다. 그 순간 알게 되었다. 부정 에너지를 내 버스에 태우는 게 얼마나 위험한 일인지 말이다. 마음이 따뜻한 간호사를 만나며 긍정에너지를 얻어야 내 삶도 풍성해질 수 있다.

내가 만났던 수간호사 중 한명은 이해심이 깊었다. 무엇보다 따뜻한 사람이었다. 환자에게 늘 미소를 지었고, 직원들 한 명 한 명 관심을 가졌다. 일을 못하면 알려주고, 잘하면 칭찬해주고, 격려를 아끼지 않았다. 그런 수간호사 덕에 나는 몇 번의 사직서를 찢어 버렸다. 힘들 때마다 위로와 격려의 말을 해주었다. 처음이라서 힘든 거야. 조금만 참으라면서 말이다. 인성 좋은 수간호사 덕에 진정한 사랑을 느끼며 직장생활을 할 수 있었다.

반면 출근부터 '나는 수간호사야.'라며 얼굴을 당당히 들고 카리스마를 풍기며 들어온 사람도 있다. 아니, 인사도 안 받는다. 인계 받기 전에 자신의 커피 잔에 커피를 내리고, 느긋하게 옷을 갈아입고 나오며 자신이 왕인 듯 행동했다. 인계도 얼마나 성의 없게 듣는지 짜증이 밀려왔다. '수고했다'라는 말도 할 줄 모르고 늘 아래 직원에게 무례했고, 직원들보다 자신의 목소리를 내는

나는 간호사입니다

수간호사 때문에 사직서를 내고 이직한 경험도 있다. 모든 직장인들이 다 느낄 것이다. 인복이 많은 상사를 만나는 게 천운이라는 사실을 말이다.

간호사로서 가장 회의감 드는 게 위 사람에게 비위를 맞추며 아부하는 것이다. 그런 사람을 좋아라하는 선임들 때문에 간호사로서 회의감이 물밀 듯 밀려왔다. 아부하고 싶지 않은데 그렇게 안하면 내 인생이 힘들어질 거라는 걸 알기에 늘 듣기도 싫은 이야기를 들어주며 맞장구를 쳐주고 억지웃음을 지어야 했다. 회의감을 느끼면서도 병원이라는 문턱에 다시 들어서는 나를 보면서 씁쓸했다. 돌아갈 수 있는 길이 여기뿐 이라서 다시 병원이라는 문턱에 왔다.

대신 한 가지 깨달은 것이 있다. 직장생활에 만족이라는 건 없다는 것이다. 직장생활 20년차 내 아래로 후배들이 많다. 나는 과거 내가 당했던 것처럼 하지 않는다. 그들을 존중하고 이해하려고 노력한다. 의료인이라면 우리는 다른 직장인들과 달라야 한다. 사람의 생명을 다루는 일을 하는 사람끼리 가장 중요한건 따뜻한 말과 정이 아닐까 싶다. 사람을 변화시키는 건 채찍질이 아니라 칭찬과 응원이아닐까? 나의 한마디로 사람 인생이 바뀐다면 오늘 우리는 긍정의 언어를 내뱉어야 한다.

나는 간호사입니다

사직서를 냈던 어느 날

도저히 못 참겠어. 어제 밤 나이트 근무 후 마음이 떠난 동기는 응급 사직했다. "잠시 핸드폰 꺼놓을 테니 전화하지 마."라는 말을 한 후 동기는 떠났다. 나와 힘든 시간을 보냈던 동기는 얼마나 힘들었으면 응급사직까지 했을까? 그 후 입사 동기 하나둘 병원을 사직했다. 제각각 안 좋은 사연들을 하나씩 안고서 말이다. 참을 만큼 참았는데 선배가 뜬금없이 "넌 대학 때 공부 못했지?"로 시작해서 "몇 번을 알려주냐? 쯧쯧." 혀를 찼단다. 이 선배의 평소 말투가 곱지 않았던 터라 마주칠 때마다 분노가 치솟았다고 한다. 다른 동기는 누가 봐도 나무랄 곳이 없었다. 똑 부러진 성격과 애교 많은 말투가 강점이었다. 그런 동료도 어느 날 사직서를 내야겠다고 했다. 병원 출근 시간만 되면 가슴이 뛰고 두통이 심하다고 했다. 다들 의아한 눈으로 "너는 우리 동기들 중에 가장 인정받고 잘하고 있어. 우리 병동선생님이 너처럼만 하라고 하던데?"라고 물었다. 그런데 동료는 "아니야. 이제 더 이상 가면을 쓰며 일하고 싶지 않다."며 쓴웃음을 지었다. 늘 웃으며 열심히 일했지만 번 아웃이 된 것 같다며 다른 길을 찾겠다고 했다. 탑이라 불리던 동기마저 응급사직을 했다.

　나는 그때 느꼈다. 겉으로 보이는 게 진부가 아니라는 것을 말이다. 늘 웃음이 많고 싹싹한 말투로 그 누구보다 사회생활을 잘한다며 칭찬 받던 동료도 사실은 내

면의 병을 앓고 있었다. 실제의 모습과 다른 자신의 모습을 보면서 서서히 지쳐가고 있음을 말이다.

　나 역시도 하루에 몇 번씩 가면을 바꿔 쓴다. 내 감정을 철저하게 속이고 말이다. 늘 웃어야 한다. 늘 상냥해야 한다. 늘 예의 바르게 해야 한다. 이런 압박감 속에 나 역시도 서서히 마음의 병을 얻기 시작했다. 불면증은 기본이고 우울한 감정은 어떻게 표현해야 할지 몰랐다. 정신과에 가서 상담이라도 받아 보고 싶지만 용기가 나질 않았다. 병원의 세계가 그렇다. 서열사회이다 보니 내 생각은 입 밖에 꺼내지도 못하고 늘 위에서 하는 대로 따라야 하는 꼭두각시 인생을 살아야 했다. 어떤 날은 이런 생각도 들었다. 개처럼 열심히 도둑을 지켜주고 추우나 더우나 외롭게 견디다가 마지막엔 시장에 팔려나가는 인생 같다. 심난한 날에는 이런 생각이 들면서 가슴이 막막했다. 하라면 하고 하지 말라면 안 하는 영혼 없는 존재였다. 언젠가는 쓰다가 필요 없으면 대체되는 부속품 같은 인생이라는 생각에 눈물이 났다. 그렇다고 노동자의 삶을 대신할 다른 대책도 없었다. 사업을 하는 친구는 자기가 제일 잘나간다고 말했지만 내가 보기엔 주말도 없이 바쁘게 사는 듯 보였다. 물론 친구는 스스로의 삶을 만족했으니 할 말이 없다.

이 노동자의 삶에서 벗어날 수도 그렇다고 행복할 수도 없는 답답한 감옥에 갇힌 채 몇 년을 버텨야 했다. 내 의견을 말하고 싶다가도 윗선배의 한마디가 가슴을 찔렀다. "후배인 주제에 무슨 말이 많아? 나 때는 말이야 ~" 소위 말하는 라떼의 잔소리를 몇 배로 들어야 했다. 한 번은 회식날짜가 잡혔는데 하필 밤 근무였다. 연속으로 3일하는 밤 근무라 부담이 되었다. 나는 회식 참석을 꼭 해야 하냐고 물었다. 윗 선배는 나를 째려보며 "나 때는 말이야~ 오라면 오고 가라면 갔어~"리며 쓴소리를 해댔다. "밥만 먹고 가는 게 어렵니? 공짜로 먹여준다는데 뭐가 말이 많아?" 나는 속으로 말했다. '안

나는 간호사입니다

먹어도 되거든요. 불편해서 맛있는 음식인지 맛없는 음식인지 조차 모른다구요. 선배가 3일 동안 나이트였으면 나왔겠어요?'라고 대꾸할 뻔 했다. 이 선배는 자기 나이트 때는 회식 한 번 나오지 않았기 때문이다. 한마디로 재수 없는 선배였지만 당시에는 웃으며 가면을 쓸 수 밖에 없었다. 강자 앞에서 나는 불면 날아가 버리는 약자였기 때문이었다. 사직서를 던질 수 있는 용기 또한 없었다.

늘 의례적인 회식 참석에 스트레스를 받았다. 밤 근무가 아닌 날에는 끝까지 남아서 술자리를 함께 해야 했다. 녹초가 돼서 그 다음 날 새벽 근무를 하면서 엄청 힘들었던 기억이 있다. 인계를 받다 말고 "죄송합니다. 속이 너무 안 좋습니다. 화장실 좀 다녀오겠습니다." 라고 말하기도 했다. 술을 왕창 먹인 선배들이 미울 따름이었다. 그 당시 회식은 누가 술을 많이 마시나 라고 경쟁하듯 부어라 마셔라 했기 때문이다. 신규 간호사라는 이유로 늘 경쟁이 붙었다. 동료들은 이런 문화가 싫다며 다들 떠났고, 나는 소심하게 사표를 고이 접어 넣었다.

늘 견디는 직장생활을 하다 보니 나 역시 번 아웃 증후군에 빠진 게 한두 번이 아니었다. 누군가 말을 걸어도 말하기가 싫고, 침묵하고 싶었다. 병원 사람들 모두가 나의 적처럼 보였다. '이제 그만 하고 싶다.'라는 말을 몇 번이나 했는지 모른다. 지쳐가는 내 모습에 나 역시 사직서를 던졌다. 그 동안 함부로 했던 선배들에게 한마디 하고 싶었으나, 예의상 인사를 하고 나왔다.

지긋지긋한 병원의 문을 나서는 순간 밝은 햇살이 비쳤다. 그토록 어두운 창살에 갇혀 있을 줄 알았던 나에게 한줄기 빛이 비추었다. 그 순간 나는 알았다.

내가 사직서를 낸다고 죽지 않는구나. 내가 잠시 쉬는 게 큰일은 아니구나. 나는 그토록 썩은 밧줄을 부여잡고 있었구나. 그리고 생각했다. 너무 애쓰며 살지 말아야겠다고 말이다. 힘들면 잠시 쉬었다 가도 괜찮다고 말이다. 늦잠을 자고 커텐을 여는 순간 태양은 밝게 비추고 있었다. 그리고 나에게 말했다.

'수고했다. 잘 견뎠다.'

인생을 너무 힘들게 살지 않으려 한다. 사직서 그까이 것 쉬어가는 쉼표일 뿐이다.

똑같은 태움 문화

누군가는 말한다. 우리가 뭘 잘못했냐고 말이다. 피해자는 있는데 가해자가 없다. 최근 뉴스에 모 대학병원 간호사의 자살 기사가 떴다. 얼마나 힘들었으면 자살을 했을까? 누가 이 간호사를 낭떠러지로 밀었을까? 그런데 가해자가 없다. 하나같이 자기들은 태운 적이 없다고 말한다. 상처를 준 사람은 자신이 가해자인줄 모른다. 상처 받은 사람만 시커멓게 가슴에 피멍이 든다.

나는 간호사입니다

간호사들의 태움 문화는 말하지 않아도 다들 쉬쉬 한다. 먼저 입사한 사람이 나중에 입사한 사람을 쥐 잡듯이 잡는다. 뿐만 아니라 일로 지적하는 것을 넘어서서 감정적으로 모욕하는 나쁜 사람들이 몇 명씩 꼭 있다.

내 친구는 육아로 인해 경단녀가 된 후 최근에 다시 병원 입사를 했다. 과거 대학병원 10년차라는 커리어를 갖고 있었다. 친구는 그 병원에서 가장 늦게 입사했다는 이유로 막내가 되었다. 과거의 경력을 철저히 무시한 채 말이다. 친구는 괜찮다며 지금부터 다시 시작하면 된다는 긍정의 반응을 보였지만 나는 흥분하며 말했다. "과거에 일한 경력이 있는데 왜 막내야? 모르겠어. 스케줄 표에 내 이름이 가장 아래에 적혀 있어. 나이 어린 애들도 나에게 이것저것 지시하며 빨리 하라고 지시해." 친구는 속상해 했지만 괜찮다며 연신 열심히 일만 하면 된다고 했다. 오히려 가장 아래에 있어서 인계를 안 해도 되고 열심히 뛰어만 다니면 된다고 했다. 나는 아무리 그래도 어린 간호사가 선배에게 이거 해라 지시한다는 게 말이나 되냐며 흥분했다. 나 같으면 한바탕 싸우겠다고 말이다.

긍정적인 내 친구였지만 몇 달 버티지 못하고 사직서를 던지고 나왔다. 바로 태움 문화 때문이었다. 윗사람 중 한 명이 자신을 이유 없이 싫어했단다. 말없이 일만 했을 뿐인데 후배들을 자기 편으로 만들어서 이간질을 시키기 시작했단다. 아마도 자기가 대학병원에서 일했던 경험이 있는지라 후배들에게 몇 가지 조언을 했더니 그게 듣기 싫었던 모양이었다. 그 후 친구는 더 이상 병원에 다니기 힘들 정도로 왕따를 당했다. 커피를 마셔도 자기들끼리 마시고 식당을 가도 친구만 빼고 갈 정도로 말이다.

병원의 태움 문화는 생각보다 심각하다. 한 사람을 바보 만드는 아주 나쁜 관습이다. 태움 문화의 중심에 있는 사람은 꼭 자기가 최고여야만 하는 이기적인 사

나는 간호사입니다

람이었다. 내 동료는 그렇게 마음의 상처를 받고 사직서를 던져야만 했다. 현재는 연구 간호사로 일하며 커리어를 쌓는 중이다. 간호사들의 태움 문화는 그 사람의 인성과 관련이 있다. 일로 태우는 게 아니라 외모, 능력, 성격 등을 꼬집어서 서슴없이 말한다. 부러워서 태우기도 하고, 뭔가 한 가지 약점을 잡아서 태운다. 상대방이 상처를 받든 안 받든 생각하지도 않는다. 내가 가장 힘들었던 상사는 자신의 기분 따라 일하는 사람이었다. 자신이 기분 좋을 때는 순조롭게 넘어가고, 자신이 기분 안 좋을 때는 소리를 지르며 야단을 쳤다. 똑같은 잘못을 해도 그 사람의 기분에 따라 야단을 맞고 안 맞고 했다. 나 역시 그런 사람 때문에 얼마나 마음의 상처를 받았는지 모른다. 그러면서 자기가 대단한 사람이라도 되는 양 어깨를 으쓱대며 악마의 웃음을 짓는다. 마치 자신은 완벽한 사람이라도 되는 것처럼 말이다. 말이 없는 사람은 같이 일하면 재미없다며 흉보고, 말 많은 사람은 시끄럽다며 욕한다. 자기나 잘할 것이지 주위 사람들에게 늘 자신이 느끼는 감정을 여과 없이 그대로 말한다. 그런 말이 몇 사람 입에 오르내리면 한 사람 바보 만드는 건 시간 문제다.

　나는 태움 문화는 그 사람의 인성이 미성숙하기 때문이라 생각한다. 나이가 들수록 사람은 고개를 숙일 줄 알고, 포용력을 갖춰야 하는데 나이만 먹고 인성은 바닥인 사람이 의외로 많다. 꼭 한두 명씩은 상대의 단점을 꼬집어내기에 바쁜 사람들이 있다. 아니면 질투가 나서 그 사람을 내려 깔려는 사람도 있다. 자신의 못난 점을 인정하는 게 아니라 상대를 통해 자신의 부족한 점을 감추려는 사람 말이다. 의료인이라는 사람이 일만 잘하고 열심히 하면 되지 태우고 못되게 굴어야 하는 건 무슨 심보인지 모르겠다. 늘 평가질에 익숙해진 사람은 멀리해야 한다. 그런 사람들에게 말하고 싶다. 남을 평가하며 욕할 시간에 당신 주변의 휴지가 있나 없

　　　　　　　　　나는 간호사입니다

나 살펴보라고 말이다. 목에 깁스하고 책상 앞에만 앉아서 남 흉보는 인성 쓰레기가 지금도 존재하는가?

자기 스스로를 먼저 돌아보기를 바란다. 태움 문화는 사라져야 한다. 가해자가 자기는 아니라고 발뺌할 것이 아니라, 나 때문에 상처를 받았나? 진심으로 사과하고 또 사과해야 한다. 인성이 안 된 사람들 때문에 죽음을 선택한 그들에게 말이다. 언제까지 태우면서 마냥 웃고 즐기며 살 것 같은가?

머지않아 필요 없는 존재가 될 것이 뻔하다. 자신의 인성을 바라보고 진정한 의료인이 되길 바란다. 나는 어떤 인성을 갖고 있는가?

상대의 단점보다 장점을 볼 줄 아는가? 상대방을 존중하는 자세를 갖고 있는가? 포용하고 안아줄 수 있는 따뜻한 마음을 갖고 있는가? 나는 진정한 의료인인가? 한번쯤 자신에게 이 질문을 던져보자. 여기에 'NO'라는 답이 나온다면 당신은 의료계를 떠나야 한다. 인성

공부를 먼저 하고 직장을 구해도 늦지 않다. 자신도 볼 줄 모르면서 남 평가에 급급하는 사람이 무슨 의료를 한다고 취업을 하는지 모르겠다. 변해야 한다. 태움 문화 없는 의료계로 말이다.

누구나 올챙이였던 적이 있다

초심을 잃지 말자. 나의 좌우명이다. 누구나 처음에는 잘한다. 시간이 가도 한결 같은 사람이 되어야 하지만 대부분은 본성이 나타난다. 처음에는 성난 발톱을 감추며 가면을 쓰기에 우리는 모른다. 다들 좋고 착하게만 보인다.

인성이 바른 사람은 변함없이 일관성 있는 모습을 보이겠지만, 대부분은 시간이 갈수록 변한다. 일이 익숙해지거나 한 두 명 자기 편이 있을 때 변한다.

처음과 달리 가면을 바꿔 쓴다. 악마의 탈을 쓰며 상대를 욕하고 잘난체는 기본이고 강자에 붙어서 아부하고 약자를 밟는다. 이런 사람은 초심을 잃은 건 둘째고 인성 쓰레기라는 말밖에 안 나온다. 최근 직원 모집 공고에서 10년차 직원이 뽑혔다. 일도 베테랑일 것이고, 자기 소개서에 긍정적이고 밝은 사람이라는 문구가 마음에 든다며 과장이 기대된다고 했다.

면접 보러 온 날 온순한 인상과 깍듯이 인사하는 모습에 우리는 잘해보자며 인사를 건넸다. 그렇게 병원 일에 익숙해질 무렵 이 사람은 숨겨놓은 성난 발톱을 드러냈다. 아랫사람에게 이것도 못하냐며 소리 지르는 건 기본이고 수간호사만 보면 코맹맹이 소리를 내며 아부를 하기 시작했다. 동료에게는 쌀쌀한 말투로 대답했고, 과장에게는 최선을 다해 애교를 부렸다. 한마디로 이중인격자 아니 혼자 살겠다고 발버둥 치는 사람처럼

나는 간호사입니다

보였다. 강자에게 한마디 말도 못하면서 약자는 종 부리듯 부렸으니 말이다. 자신의 올챙이 적 시절을 생각하지 못하고 '이것도 못하냐, 나 때는 이러지 않았다.'는 등 온갖 잔소리를 해댔다. 인상과 달리 입에서 뿜어져 나오는 말은 독이 따로 없었다. 다들 그 사람과 같이 일하기 싫다며 불만은 내뿜었지만 수간호사나 과장은 알지 못했다. 본인들에게는 잘했으니 말이다.

잘못된 행동, 말투, 인성이 문제가 있음에도 우리는 말하지 못했다. 윗사람에게만은 정말 좋은 사람이었기에 말이다. 사회생활을 잘 한다는 게 이런 걸까? 윗사람에게 아부하고 아랫사람을 무시하는 걸까? 자기 자신에게는 떳떳할까?

자신도 사회생활의 첫발을 내딛을 때는 올챙이였다. 아무것도 모르고 눈도 제대로 뜨지 못했다. 익숙함에 속아 사회의 물을 먹으면서 변한 것이다. 그것도 아주 인성 쓰레기로 말이다. 나보다 못한 누군가를 보듬어주고 안아줘야 하는 게 아니라 누군가를 밟고 올라가는 게 직장생활의 기본이라 생각하면서 말이다. 이런 사람은 꼭 이렇게 말한다. 강자에게 잘 보이는 것도 능력이야. 내가 너희들한테 잘해봤자 콩고물이라도 떨어지겠니? 열심히 아부하고 동료를 짓밟고 하더니 지금은 수간호사가 되었다. 그녀가 말하는 직장생활의 강자에게 아부했더니 말이다. 성난 발톱을 드러내며 오늘도 약자에게 강한 척 카리스마라는 말로 포장하고 있을 누군가가 생각나서 속이 뒤집힌다.

사람이라는 동물은 참 간사하다. 강자에게 말 한마디 못하면서 약자는 쥐 잡듯 잡아먹으려는 사람들이다. 마침내 성난 발톱으로 남을 물어뜯기까지 한다. 모든 사람이 다 그런 건 아니지만 말이다. 나의 지인은 경력 20년차 간호사로서 수간호사 스카웃 제의가 들어왔음에도 거절했다. 왜냐고 물었더니 자신은 누군가를 관리하고 포용할 자신이 없다는 것이다. 관리자의 자세, 관리자의 능력이 부족하다면서 말이다. 자기 같은 사람이 관리자가 되면 아랫사람이 힘들 것이고 자신 역시 스트레스를 받을 거라고 했다. "그래도 좋은 기회인데 잡지 그랬어?"라고 물었더니 자신은 아래에서 열심히 일하는 게 보람있다고 말했다. 경력만 많다고 관리자가 되는 건 아닌 것 같다면서 말이다. 당신이라면 어떤 선택을 할 것인가? 이런 좋은 기회가 왔는데 내가 잡아야지? 관리자의 자세가 뭐가 중요해? 하다보면 되는 거지. 대부분 이렇게 생각할 것이다. 내 생각은 관리자의 자세가 중요하다고 생각한다. 관리자가 아랫사람을 포용하고 똑부러지게 일을 해야 관리자로서 존경을 받을 수 있다. 일도 안하고 우유부단한 관리자라면 무능력하다는 평가를 받을 것이다. 관리자가 성난 발톱만 드러내며 자기의 성격을 드러내면 그 사람 곁에는 아무도 없다.

관리자라면 초심의 자세로 줏대를 갖고 조직의 발전

에 힘써야 한다. 누군가에게 아부해서 높은 자리까지 올라간 사람은 언젠가는 실력이 들통 나게 마련이다. 정정당당하게 실력으로 승부하는 사람만이 오래 살아남는 법이다. 여기에 배려와 존중의 자세가 관리자의 기본이 아닐까 생각해본다. 사람들은 환경에 따라 변한다. 평간호사에게 수간호사라는 완장을 채워준 순간 그 사람은 악독한 사람으로 변신한다. 자신을 높여준 순간 자기의 본모습과 다르게 다른 모습이 드러난다. 왠지 목에 깁스를 해야 할 거 같고, 남을 평가하는 사람으로 살아가야 할 것처럼 말이다. 평간호사일 때는 일도 열심히 하고 성실했던 사람이 완장 하나 바꿨을 뿐인데 변하는 이유가 뭘까? 그건 초심을 잃어버렸기 때문이다. 수간호사로서의 초심을 지켰다면 완장 하나에 좌지우지 되지 않았을 텐데 말이다. 초심을 잃지 않는 자세, 이거야말로 직장생활의 가장 중요한 요소가 아닐까 생각해 본다. 누구나 올챙이적 시절이 있었다. 명심하자.

만성피로증후군

모든 직장인들이 만성피로증후군에 시달리고 있다. 특히나 3교대를 하는 사람은 더욱더 말이다. 햇살이 쨍쨍 비추는데 잠을 잔다는 건 곤욕이다. 남들 잘 때 일하는 것은 몇 배는 더 힘들다. 밤낮이 바뀌는 생활을 하면서 생체리듬도 자연스레 무너진다. 눈을 뜨고 있지만 정신은 안드로메다다. 하루 종일 카페인의 힘을 빌려보지만 소용없다. 응급실에서 일할 때 함께 밤을 지새우는 응급 당직의들을 볼 때면 마음이 아팠다. 전교 1-2 등 한 그들도 지금은 졸린 눈을 비비며 환자를 보고 씻지도 못한 채 늘 피곤함이 몸에 배였기 때문이다. 잠시 틈을 타 책상에 엎드려 있는 모습을 보고 있으면 왠지 모르게 쓸쓸한 미소가 나왔다. 얼마나 피곤할까? 의사라는 직업 선택에 후회는 없을까? 훗날 그들은 이날을 어떻게 기억할까? 별의별 생각이 들었다. 전문의라는 타이틀을 달기까지 그들은 앞으로도 열심히 달려야 할 것이다. 친한 당직의는 늘 입버릇처럼 말했다. '내가 왜 의대를 선택했지?' 늘 후회의 말을 뱉으며 눈에는 피곤함이 묻어있고, 맨발로 슬리퍼를 끌고 머리는 며칠 못 감은 채로 회진준비를 했다.

의사라는 직업은 내가 생각해도 길고 긴 고생길임은 틀림없다. 대신 훗날 사회에서 가장 인정받는 직업이라 생각한다. 3일 연속 나이트를 하는 나 역시 피곤함을 안

나는 간호사입니다

고 사는데 레지던트들은 퇴근조차 하지 못하고 다음날 교수 회진 준비와 수술 준비 등 할 일이 많다. 그들에게 커피는 밥보다 더 소중한 것임에 틀림없다. 한번은 당직의가 커피를 타는데 끓지도 않는 물에 믹스커피를 섞는 모습을 보고 한참을 웃었다. 시간이 없기에 미지근할 때 원샷을 해야 한다며 녹지도 않는 커피 믹스를 마시는 모습에 웃음과 울음이 나왔다.

만성피로증후군 때문인지 나 역시 하시모토 갑상선염이라는 병을 얻었다. 진단해준 외과 선생님은 나보고 피곤해지면 더 악화된다고 설명했지만, 직업상 피로하지 않을 수가 없었다. 늘 두통을 안고 살아서 타이레놀은 기본으로 몇 알씩 먹어야만 했다. 노동자의 삶이 이렇게 고단한지 몰랐다. 그렇게 내 몸은 만성피로증후군이라는 병으로 3교대를 그만두며 상근직으로 옮겼음에도 늘 피곤했다. 병 때문인지 모르겠으나 지금도 하루에 카페인 없이는 살지 못한다. 한번은 외과 선생님이 나보고 몸을 혹사시키면 임신을 못할 수도 있다며 충고를 했다. 갑상선병은 임신도 잘 안된다고 말이다. 순간 직장을 관둘 수도 없고 일을 안 할 수도 없고 한참을 고민했다. 그렇게 지금은 아이 셋을 출산했다. 신랑은 그런 나를 보며 의사가 신뢰가 안 간다며 웃음을 지었다.

아이 셋을 출산하며 육아와 직장일 그리고 신경 써야 할 일이 한두 가지가 아니다 보니 다시 만성피로증후군이 내 그림자처럼 따라 다녔다.

지금도 갑상선 검사를 주기적으로 하고 초음파를 하고 있지만 엄마가 된 순간 나는 슈퍼맨이 되어야만 했다. 내 몸 돌볼 겨를조차 없는 날들을 보내며 엄마는 정말 강한 사람이라는 걸 또 한 번 느꼈다. 한번은 온몸이 춥고 피곤함에 일어나지 못한 적이 있다. 갑상선 호르몬 수치가 비정상적이라는 진단과 함께 약복용을 두 배씩 해야만 했다. 그래도 나는 내 할 일을 열심히 하고 있다.

엄마라는 자리도, 직장인이라는 자리도, 그리고 자기 계발도, 물론 집안 문제까지 할 일이 많다. 나뿐 아니라 모든 엄마들, 직장인들은 피곤함에 찌든 삶을 살면서도 견디고 견디는 삶을 살 거라 생각한다. 아파도 아프다고 내색하지 못하고 울고 싶어도 참아야만 하는 게 인생이 아닐까 싶다. 내 아이가 조금이라도 열나면 업고 병원으로 뛰면서도 내 몸이 아프면 진통제로 버틴다.

직장에서 나는 부속품처럼 일하지만 프로가 되기 위해 오늘도 안 아픈 척 괜찮은 척 활짝 웃는다. 언제 녹슬지, 버려질지 모른 채로 살아가지만 슬프지 않은 척 한다. 엄마라서 어른이라서 말이다. 인생, 우리는 모두들 험난한 여정을 견뎌내는 중이다.

제2장
당신은 진정한 의료인입니까?

진심으로 일한다는 것

나이팅게일 선서식 때 오른손을 들고 말했다. '나는 일생을 의롭게 살며 전문 간호직에 최선을 다할 것을 하나님과 여러분 앞에 선서합니다. 나는 인간의 생명에 해로운 일은 어떤 상황에서나 하지 않겠습니다. 나는 간호의 수준을 높이기 위하여 전력을 다하겠으며 간호하면서 알게 된 개인이나 가족의 사정은 비밀로 하겠습니다. 나는 성심으로 보건의료인과 협조하겠으며, 나의

간호를 받는 사람들의 안녕을 위하여 헌신하겠습니다.'

　나는 어떤 의료인이 될 것인가? 나이팅게일 선서할 때 가슴이 두근거렸다. 정말 앞으로 평생 의료인으로서 최선을 다하며 살 것인가? 처음에는 그랬다. 시간이 갈수록 환경에 물들어갔다. 늘 뒷담화가 있는 환경, 부정적인 사람들, 까칠한 사람들 사이에서 나 역시도 물들어갔다. 어느 날 나는 나를 되돌아보며 생각했다. '나는 진정한 의료인인가?' 이 질문에 답하기가 쉽지 않았다. 직장생활 20년 차가 되니 의료인은 아무나 할 수 있는 직업이 아니라고 생각했다. 나 역시 일이 고되고 힘들 때는 짜증이 났고 직장 사람들이 미워서 견딜 수가 없었다. 고질적인 조직문화에서 늘 고개 숙여야 했고, 힘든 일을 하면서도 알아주는 이가 없을 때는 외롭기까지 했다. 아부하는 동료들의 승진 소식을 듣고, 늘 목을 뻣뻣이 세우며 지시하는 수간호사의 태도, 하루라도 태우지 않으면 안 될 것 같은 인성쓰레기 선배들, 막말하는 의사들까지 번 아웃되는 건 시간 문제였다. 참다 참다 안 되는 날에는 사직서를 던지며 다른 돌파구를 찾기도 했고, 늘 내 자신이 한심하다며 우울해 했다. 직장인 20년 차가 되니 내 스스로 감정조절도 가능했고, 마음을 비우는 방법도 나름 터득했고, 한 발짝 뒤로 물러나는 연습도 가능했다.

늘 가면만 바꿔 쓰며 생활했던 내가 이제는 솔직하고 당당해지기까지 했다. 병원에 가보면 어떤 의료인은 정말 무뚝뚝하며 차갑고, 어떤 의료인은 바쁜데도 친절하며 웃기까지 한다. 일을 돈벌이 직업이라 생각하며 하루를 버티는 사람은 의료인의 길을 오래 할 수 없다. 형식적으로 일하는 사람에게는 왠지 정이 느껴지지 않는다. 진심으로 우리는 직업을 뛰어넘어 아픈 사람과 함께하는 의료인이라는 소명을 갖기를 바래본다.

최근에 집 앞 새로 생긴 병원을 방문했다. 새 건물에 화려한 장식과 달리 왠지 차가운 느낌이 감돌았다. 아니나 다를까 그곳의 분위기는 삭막했다. 환자의 눈을 보고 대화하는 게 아니라 컴퓨터 모니터를 보고 대화하는 의사를 만났고, 음식을 씹으면서 수납하는 원무과 직원을 보았고, 무뚝뚝하게 "주사실로 가세요."라고 말하는 간호사를 보았고, 채혈을 하는데 혈관을 찾지 못해서 해매는 임상병리사를 보았고, "숨 참아요. 숨 참으라구요." 쌀쌀하게 말하는 방사선사를 보았고, 약국에서 약 설명을 듣는데 대충 설명하는 약사를 보았다. 외관상 보이는 건물만 화려할 뿐 안에 들어가 보니 다시는 가고 싶지 않은 병원이었다. 나는 이 병원에서 진료받기 위해 간 환자다. 한 인간으로서 존중받고 싶다는 생각이 들었다. 아파서 간 환자에게 눈을 보면서 말하기보단 컴퓨터 모니터에 시선이 고정되어 있다면 나는 누구에게 설명을 해야 하는가? 음식을 먹으며 말하는 원무과 직원을 보면서 그분에게 묻고 싶었다. 아침 안 드시고 왔냐고. 무뚝뚝한 간호사에게 묻고 싶었다. 원

나는 간호사입니다

래 성격이 그러냐고 남자 친구 앞에서는 애교 떨고 이러지는 않냐고 말이다. "숨 참으라고요."라고 말하는 방사선사에게 당신이 한번 이 자리에 서보라고 말하고 싶었다. 혈관 못 찾아 몇 번씩 바늘을 찌르는 임상 병리사에게 실력이 없다고 말할 뻔했다. 약사에게 약 봉투에다 적혀있으니 내가 직접 보겠다고 했다. 당신은 어떤 의료인이 되고 싶은가?

한 지인은 내과를 먼 동네까지 다닌다. 집 앞에 병원이 2-3군데가 있음에도 불구하고 버스를 타고 가는 지인에게 왜 멀리까지 가냐고 물었다. 의사가 진료를 잘하나? 라고 묻자 그 지인의 대답은 의외로 간단했다. "의사가 내 말을 엄청 잘 들어줘. 그 병원만 가면 내가 다 나은 거 같아. 의사가 얼마나 따뜻한지 몰라. 내 심장을 어루만져 주는 기분이랄까? 간호사들도 얼마나 친절한지 갈 때마다 기분이 좋아."

30분이 넘는 거리까지 그 병원을 가는 이유는 간단

했다. 정성스러운 태도가 전부였다. 약은 거기서 거기일 것이고, 검사도 다 비슷비슷했다. 그들이 그 병원까지 가서 몇 시간을 기다리면서까지 진료를 받으러 가는 건 정성스러운 태도에 감동해서다. 문 열기 전부터 몇몇 어르신들이 계단에 앉아있고, 멀리서까지 그 병원에 오는 이유는 바로 자신이 존중받고 있다는 느낌이 들어서이지 않을까? 의사가 목에 깁스한 듯 도도하게 "어디 아파요?"라고 말하며 5초 컷으로 진료보고 나가는 게 정성을 다한 진료라고 보기 어렵지 않을까? 멀리서 까지 찾아온 환자에게 최선을 다해 이야기를 들어주고 아픔을 공감해 준다면 환자들은 그 감동을 마음속 깊이 간직 하지 않을까? 그 병원은 간호사 스테이션에 음료수가 가득 놓여 있다. 진료 보러 오는 환자들이 사온 것이다. 진심으로 상대를 대해주니 상대방도 진심으로 뭔가를 해주고 싶은 마음이 생긴 것이다. 이런 병원이 많이 생겼으면 좋겠다.

오늘도 지인은 버스를 타고 이 병원에 가서 진료 본다고 말했다. 다음에 같이 가자고 했더니 웃으면서 한 번 가면 다른 곳은 절대 못 갈 거라고 했다. 진정한 의료인이 있는 그곳에 조만간 가야겠다는 생각이 들었다. 진료실에 문을 열 때마다 고개 숙이며 먼저 인사한다는 의사, 얼마나 아팠을까 공감해주는 의사, 약은 잘 먹고 효과는 괜찮은지 한 번씩 전화한다는 의사, 바빠도 웃음을 잃지 않는 간호사, 딸보다 더 잘한다는 간호사들이 있는 그곳에 한번 가보고 싶다. 당신은 오늘 어떤 의료인의 자세로 일했나? 힘들다고 투정부리고 월급 적다고 이직할 생각하고 환자들에게 무뚝뚝하게 대하지는 않았는지 되돌아보자. 우리는 존중받아야 할 사람이자 환자들이다. 내 가족 내 형제라 생각하고 진심을 다하는 의료인이 되기를 바래본다.

보호자 입장에 서보니

주말 아침 전화 한 통이 왔다. 아버지가 의식을 잃고 쓰러지셨단다. 119 앰뷸런스를 타고 대학병원에 가는 중인데 코로나19 때문에 가장 큰 대학병원은 폐쇄가 됐다면서 그나마 2번째로 큰 병원으로 가는 중이라고 했다. 머리가 하얘지면서 집에서 입고 있던 옷에 가디건을 걸치고 부랴부랴 터미널로 향했다. 넋이 나가서 버스 터미널까지 어떻게 간 지도 기억이 나질 않는다.

터미널에 도착 후 광주까지 가는 4시간 동안 나는 별

별 생각이 들었다. 최근 고열과 옆구리 통증으로 집 앞 내과에 간 적이 있었다. 고령인 탓에 의사는 보호자인 나에게 전화를 해서 설명을 했다. 간 수치가 높고 현재로서는 바이러스 간염 증상이 의심된다고 말이다. 의사는 일주일정도 약을 먹으면 호전될 거라면서 대수롭지 않게 설명했다.

그렇게 아버지는 일주일 간 약을 드시고 있는 상태였는데 갑자기 쓰러지셨다니 원인이 무엇일까? 4시간 동안 초조함과 불안함으로 버스에 앉아 있을 수가 없었다. 가장 가까이에 사는 언니에게 통화 버튼을 눌렀지만 전화를 받지 않았다. 아마 119앰뷸런스를 타고 있었기에 급박한 상황임을 한눈에 알 수 있었다. 가슴이 조여 오며 심장이 두근거렸다. 아버지라는 말만 들어도 나는 눈물이 나온다.

한평생 고생만 하신 아버지다. 어머니 병환으로 어릴 적 새벽부터 부엌에서 도시락을 싸주고 따뜻한 밥과 반찬까지 차려놓고선 직장에 나가셨다. 당시 학교 선생님이었던 아버지는 우리를 위해 정말 헌신하셨다. 내가 간호사가 되었을 때 언니는 희귀병으로 삶과 죽음의 시간을 보냈다. 그때 유일하게 나에게 힘이 되어준 아버지다. 멀리 섬에서 계시면서도 주말이면 늘 병원으로 와서 간호하느라 힘들지? 라며 나를 안아줬고 따뜻한 밥을 사줬다. 눈물로 보낸 그 시간들을 잊을 수 없다. 그 당시 아버지와 나는 울면서 밥을 먹었던 아픈 기억이 있다. 언니의 치료비를 감당하기에도 벅찬 아버지였지만 늘 막내딸이 간호하느라 밥도 안 먹을까봐 걱정을 했다. 언니는 중환자실에서 1년의 투병 생활을 했다. 직장을 때려치고 암흑 같은 시간을 보내면서 주말마다 멀리 배를 타고 오는 아버지를 보면서 가슴이 아팠다. 남들에게 평범한 일상이 우리에겐 아픈 날 들이었다. 삶과 죽음의 문턱을 왔다 갔다 하는 언니를 보면서 늘 슬픔에 빠져있었다. 그 당시 주치의 역시 나에게 큰 힘이

나는 간호사입니다

되었다. 이런 동생이 어디 있냐면서 눈이라도 붙이고 오라고 늘 걱정해줬다. 그러면서 나에게 준 바나나 우유와 카스테라 빵은 지금도 잊혀지지 않는다. 그 주치의는 밤새 언니의 곁에서 늘 최선을 다해주었다. 언니의 기적 같은 퇴원은 당시 그 병원에서 유명세를 탔다. 교수들은 나를 보며 수고했다며 안아주었고 훗날 의학잡지에 실릴 만큼 화제가 되었다. 최선을 다해준 주치의 선생님과 교수가 없었다면 이런 날이 왔을까? 진정한 의료인 덕분이라며 소감을 밝혔다. 몇 번의 죽음의 고비마다 달려왔던 의료진들..새벽까지 밤새며 언니 옆을 지켜줬던 주치의들. 함께 울어주며 손잡아준 간호사들. 지금 생각해도 감사하다. 누구나 삶의 아픔을 가지고 살아간다. 나 역시 엄마와 언니의 병환으로 그리고 아버지의 고생으로 가슴에 늘 우울함을 달았다. 아버지라는 이름만 들어도 눈물이 나는 이유다. 뒤에서 묵묵히 가장의 삶을 살았던 아버지가 늙어서는 한없이 약해지셨고, 이제는 죽음의 문턱에 서 있다고 생각하니 가슴이 너무 아팠다.

고속버스를 타고 가는 4시간 동안 이런 생각들이 떠올라 눈물이 마르질 않았다. 내 옆 좌석에서 유튜브를 보며 웃는 젊은 청년이 마냥 부러웠다. 누군가에게는 4시간이 즐거운 시간이었고, 나에게 4시간은 고통의 시간이었기에 말이다. 그렇게 고속버스가 광주에 다 다를 즈음 언니의 전화가 왔다. 대학병원에 겨우 들어왔다면서 구급대원 아니었으면 큰일 날 뻔 했다고 했다. 코로나19로 폐쇄된 대학병원 때문에 다들 이쪽으로 몰리다 보니 병원 측에서는 환자를 못 받는다며 다른 곳으로 가라고 했단다. 구급대원은 큰소리로 "위급한 환자라구요!"라고 소리쳤고 그렇게 응급실까지 겨우 들어갈 수 있었다고 했다. 그들에게는 밀려드는 환자를 다 수용할 수 없었을 거라고 이해하면서도 한편으로는 '그래서? 다른 병원으로 가라고? 위급한 환자가 길거리에서

　　　　　　　　　나는 간호사입니다

잘못되면 누가 책임질 건데?'라며 속으로 분노했다.

　터미널에 버스가 정차할 때쯤 나는 가장 먼저 뛰어가 택시를 잡아타고 응급실로 향했다. 내가 도착했을 때 응급실은 그야말로 전쟁통이었다. 응급실 의사가 119 대원에게 "자리 없어요. 돌아가세요."라고 소리를 치고 있었고, 피 흘리며 도착한 위급한 환자조차 밖에서 기다리라는 말을 들었다. 순간 이런 상황이 원망스러웠다. 코로나19로 인해 타 병원 응급실이 폐쇄되었다고 하지만 지역의료체계의 붕괴를 내 눈앞에서 본 순간이었다. 코로나19 때문에 응급실은 보호자가 1명씩만 들어갈 수 있었다. 언니와 교대 후 격리실에 들어갔다. 코로나19 검사를 안 한 상태라서 격리실에 있어야 된다고 했다. 고열에 호흡곤란 의식저하까지 아버지는 그야말로 죽음을 앞둔 환자처럼 늘어져있었다. "아버지, 아버지. 막내딸 왔어요." 애타게 불러봤지만 아버지는 가냘픈 신음소리만 내고 있었다. 혈압이 떨어져서 혈압상승

제와 포도당 주사를 맞았고 가슴에 심장 모니터링을 하고 있었다. 아버지의 손을 잡는 순간 40도가 넘을 듯 온몸이 뜨거워졌다. 언제까지 이렇게 기다려야 하나? 마냥 기다리고 있을 수가 없어서 나는 중앙 스테이션으로 갔다. 그곳에는 5~6명의 의사들이 모니터를 보고 있었다. "선생님, 선생님. 제가 누구누구 보호자인데요. 선생님." 간절하게 불렀다. "아버지가 상태가 많이 안 좋은 거 같은데 피검사 결과 알 수 있나요? 무엇 때문에 그러는지 알 수 있을까요?" 그러나 한 명도 대답이 없다. 나 혼자 허공에 대고 이야기했다. 한 명도 나를 쳐다보지도 않는다. "선생님, 선생님." 다시 한 번 애타게 불렀다. "제가 지방에서 이제 왔는데 설명 좀 듣고 싶은데요. 아버지가 고열에 호흡곤란으로 지금 저렇게 놔두면 안 될 것 같은데요. 1주일전에 바이리스 간염이라고 내과 의사가 말했고 현재 약을 드시는 중이셨거든요. 선생님, 선생님. 제발 저 좀 봐주세요." 순간 한명의 의사가 나

나는 간호사입니다

를 쏘아보듯 쳐다보며 짜증나는 말투로 대답했다. "가서 기다려요. 피 검사 결과가 다 비정상이에요. 코로나19 결과 나오면 CT 찍어봐야 알아요. 어디가 어떻게 비정상이라는 건가요?" 의사는 더 이상 말이 없다. 바쁜 이 상황에 물어본 내가 이상한 사람이 되었다. 아니, 나 혼자 북 치고 장구 치고 있었다. 다들 나에게 눈길 한 번 안줬다. 바쁘다는 핑계로. "가서 기다리시라구요. 이따 검사할 거라구요." "아니, 열이 40도가 넘어가는데 이대로 기다리라는 거예요?" 무응답이었다. 순간 나는 참았던 말을 내뱉었다.

"당신, 의료인 아니야?"라며 나는 울분을 토하며 말했고, 그 순간 그 스테이션의 의사들이 일제히 나를 쳐다보았다.

"의료인이 의료인답게 행동해야지! 내 말이 안 들려?"라며 소리쳤다. 조곤조곤 선생님을 애타게 부를 때는 한 명도 안 쳐다본 의료인들이 내가 소리 지르며 의료인 아니냐고 했더니 나를 일제히 다 쳐다봤다. 상대방 의사는 나를 보며 "내가 신이냐? 이 상황이 안 보이냐?"라며 기다리면 알아서 검사할 거라고 했다. 바쁜 자기들의 상황을 이해하고 조용히 기다려 주는 게 보호자의 의무라는 듯이 말이다. 나는 그날 많은 생각이 들었다.

'너희 부모였어도 이렇게 하겠니?'

그 후 해열제 주사가 들어갔고, 혈압 강화제를 써서 혈압을 높이고 코로나19 검사 음성이 나온 후 겨우 CT를 찍을 수 있었다. 그렇게 애타게 하루의 시간이 흘렀다. 응급실에서 뜬눈으로 말이다. 그 후 119가 도착했어도 돌아가라며 소리치는 의사들을 보면서 그날 격리실이라도 들어온 아버지는 다행이라 생각해야 하나? 별별 생각이 들었다. 모든 상황이 원망스러웠다.

그날 나는 보호자 입장에서 의료인들을 객관적으로 볼 수 있었다. 바쁘고 힘든 줄 안다. 밥도 못 먹고 화장실조차 가지 못한 것도 잘 안다. 그래도 그들에게 무시 당할 만큼 보호자는 약자가 아니다. 의료인의 한마디가 얼마나 간절한지 알기나 할까? 당신의 부모였어도 그렇게 대했을까? 응급실에서 많은 걸 봤다. 채혈한다고 바늘 몇 군데 찌르고 바늘을 던지고 가는 간호사, 퉁명스럽게 설명하는 의사, 서로 떠드는 의료인들의 모습을 말이다. 당신들도 언젠가는 환자가 될 수도 보호자가 될 수도 있다. 지금의 당신이 최선을 다해야 하는 이유다.

아픈 게 죄는 아니잖아요

보호자가 되어보니 나는 약자였다. "선생님, 선생님." 몇 번을 불러댔는지 모른다. 한번만 쳐다봐 주세요. 선생님 제발이요. 애타는 나의 목소리와 다르게 그들은 냉정했다. 아니, 차가웠다. 심장이 없는 사람들처럼 말이다. 피검사하러 오는 선생님에게 "결과는 언제쯤 나올까요?"라는 물음에 무응답으로 귀찮다는 듯 주사기를 드레싱카 위에 던지고 가는 사람들, 처치하러 오는 선생님에게 이 약은 무슨 약이냐고 물어도 대꾸조차 하지 않는 사람들, 주치의는 언제 오냐는 소리에 기다리라며 냉정한 답변만 하는 사람들 사이에서 나는 약자였다. 그들 눈에는 내가 귀찮은 존재일 뿐이었다. 조용히 앉아서 기다리는 게 최고의 보호자였다.

격리실에서 끙끙 앓는 아버지의 숨소리를 들으면서 나는 해줄 수 있는 게 하나도 없었다. 그래서 더욱더 슬펐다. 누구 한 명 내 말에 대답해주는 사람이 없었다는 사실에 말이다. 나도 저런 모습으로 일했나? 저렇게 냉정하게 보호자에게 대했나? 잠시 생각해 보았다. 보호자가 입장이 되어보니 간곡했다. 아니, 절실했다. 그들의 말 한마디가 그들의 따뜻함이 말이다. 그게 그렇게 어려운 거구나 라는 걸 느꼈다. 그렇게 조용히 입 닥치고 그들이 하라는 대로 기다렸다. 밤 늦은 시간 응급실 의사들이 체인지되고 밤 근무 의사로 교대가 되었다. 몇 번이나 가서 묻고 싶었다. "검사 결과는 어떻게 됐나요? CT 결과는요?" 라고 묻고 싶었지만 그럴 수가 없었다. 그들이 바라는 건 조용히 기다리는 거였다. 교대를 하고 처음 보는 응급실 의사가 격리실로 들어왔다. 아버지의 상태를 보고 나선 보호자를 불렀다. 그토록 기다리고 기다리던 의사의 첫 설명이었다. 나는 고개를 푹 숙이고 눈물을 머금으며 의사의 앞에 섰다. 오후에 있었던 의사와 달리 밤 근무 의사는 조금은 친절했다. 담석이 막혀서 패혈증이 왔고, 장기부전에 빠져서 모든 피검사 수치가 비정상이다. 내일이라도 응급시술을 해서 담석으로 막힌 곳에 튜브를 넣어야 한다. 지금은 응급실에서 해줄 수가 없다. 타 병원으로 후송하면 생명이 위독해 질수 있다. 내일 날이 밝는 대로 담석 보는 교수가 와서 시술을 할 것이다. 오늘 밤에는 중환자실에서 환자 상태를 볼 것이다. 눈물과 콧물이 뒤범벅이 된 채 나는 의사에게 "감사합니다." 라고 연신 고개 숙여 말했다.

나는 간호사입니다

이 병원에 와서 처음으로 나에게 모든 상황을 설명해준 의료인이었기 때문이었다. 그렇게 새벽에 중환자실로 옮겨졌고 침대를 끌고 가는 무거운 바퀴 소리는 내 마음과 같았다. 무거운 바위가 내 마음을 짓누르는 느낌이었다. "아버지, 힘내세요." 하는 순간 중환자실의 문이 닫혔다. 영원히 빠져 나오지 못할 미로의 문처럼 보였다. '내일이 빨리 왔으면. 내일 교수가 빨리 와줬으면.' 이라고 간절히 기도하고 처음으로 김밥 한 줄을 입에 넣었다. 중환자실 의자에 앉아서 김밥 한 줄과 생수 한 병이 나의 첫 한 끼였다. 입에 음식이 들어온 순간 죽고 싶을 만큼 먹는 것이 고통이었다. 꾸역꾸역 돌 씹은 맛이었지만 살기 위해 먹었다. 땀으로 범벅된 내 옷과 눈물범벅이 된 얼굴을 공중화장실에서 대충 씻고 나왔다. 그날 밤에 중환자실 앞 의자에서 많은 생각이 들었다. 삶과 죽음을 넘나드는 환자들과 그들을 지켜보는 보호자들 냉정한 의료인들 사이에서 나는 많은 걸 느꼈다.

그렇게 다음날 새벽이 오기만을 기다렸고, 적막한 병원의 하루도 새벽이 다가오니 분주했다. 출근한 직원들, 식당차, 방사선차, 청소하는 분들로 하루가 밝았음을 느꼈다. 교수님은 아침 9시 정도에 오시나? 회진 돌고 오면 10시 넘어서 오시나? 머릿속이 복잡했다. 아침도 굶은 채 교수님을 목 빠지게 기다렸다. 고통 속에 있을 아버지 생각에 물 한 모금 삼키기가 어려웠다. 교수님이 빨리 오시기를 바랄뿐이었다. 언제 오시지 언제? 그렇게 1시간이 흘렀고, 2시간 3시간이 흘렀다. 교수님은 오후가 되어도 오시질 않았다. 마음이 급해진 나는 중환자실 벨 앞에서 간호사를 호출했다. "교수님은 언제 오시나요?" 간호사의 대답은 짧았다. "저희도 몰라요.""주치의 선생님은 누구신가요? 회진 언제 오시나요?" 간호사는 짜증나듯 말했다. "주치의 선생님은 지금 병동에 있을 거구요. 교수님은 저희도 모른다구요."

나는 간호사입니다

"어제 응급실에서 의사가 오늘 응급시술할 거라고 했거든요. 위급해서 오전 중으로 할 거라고 교수에게 전달했다고 하던데요. 인계 못 받으셨나요?" 라고 재차 물었다. "저희가 따로 연락받은 게 없어서요."

"그럼 주치의라도 만나게 해주세요." 라고 말했다.

응급시술을 해야 한다는 응급실 의사의 말과 달리 "기다리세요."를 몇 번이나 들었는지 모르겠다. 그렇게 애타게 기다리고 기다리라던 의료인들은 나를 피 말리게 했다. 교수도 주치의도 코빼기조차 보이지 않았다. 환자가 고통 속에 죽든 살든 그들에게는 중요한 문제가 아닌 듯 했다. 응급실에 내려가서 어젯밤 나에게 설명했던 응급실 의사를 찾았지만 퇴근 후라고 했다. 도대체 환자 생명 가지고 장난을 하나? 분노가 치밀어 올랐다.

다시 중환자실로 올라와서 벨을 눌렀다. "주치의는 언제 오냐구요. 제발요. 도대체 교수는 왜 안 오는데요." 아까와 다른 대장 간호사가 나와서 나의 간절함에 대답을 했다. "지금 알아볼께요. 조금만 기다려주세요." 그 후 대장간호사는 나에게 말했다. 담당 교수가 학회에 가서 오늘은 못한다고 내일 시술 한다고 하던데요. "네? 응급실 의사는 한시가 급하다고 당장 해야 한다고 설명하던데요? 주치의는 언제 오나요? 아마 저녁 늦게 회진 올 거예요." 그렇게 급하다던 시술은 아무 일 없듯 조용히 사라졌다. 저녁 8시가 되어서야 주치의라는 여자가 나타나서 "내일 시술할 거예요. 뭐가 궁금하시죠? 응급실에서 다 들으셨잖아요?" 한참 나보다 어린 의사가 나에게 뭐가 궁금해서 바쁜 자기를 찾느냐며 한숨을 쉬었다.

"응급실 의사가 응급시술 오늘 꼭 해야 한다고 교수가 올 거라고 했어요. 근데 학회 샀다는 게 말이 되나요?" 하지만 주치의는 내 물음에 이렇게 말했다.

"내일 한다구요. 그러니깐 기다리세요." 그래, 기다리면 되지. 너희들이 하라는 대로 조용히 기다리면 되지. 도대체 기다리라는 말을 몇 번을 들었는지 진저리가 났다. 싸가지 없는 주치의는 어디선가 오는 전화도 짜증나는 말투로 받았다. "선생님, 저 바쁘다구요. 그만 전화하시라구요."

도대체 이 병원은 다들 왜 그래? 교수가 학회 간 건 맞아? 골프 치러 간 건 아니고? 아님 술자리 간 건 아니고? 실망스런 의료인들의 태도에 화가 났다.

그렇게 72시간이 흐르고 그 다음 날 아침 10시가 되어서야 아버지는 응급시술을 받았다. 담당 교수라는 사람이 응급시술 후 보호자를 찾았고 내가 들어가자 컴퓨터 모니터만 보면서 "아버지 상태가 많이 안 좋아요. 이미 안 좋은 상태로 병원에 도착했어요. 장기기능부전이 이미 왔기 때문에 이 시술을 빨리 한다고 좋아지는 건 아니에요. 마음의 준비를 하세요. 절반 정도는 돌아가십니다."라며 차갑게 말한 후 나갔다.

"교수님. 최선을 다해주세요. 제발."

이게 나의 마지막 말이었다. 너 학회 간 거 맞아? 하루라도 빨리 시술했으면 괜찮았을지 아냐고. 라고 따지고 싶었지만 나는 약자였다. 그들 앞에서는 아무것도 할 수 없는 약자 말이다. 그렇게 시술이 끝난 후 아버지는 2주 가량을 중환자실에 있었고, 고통의 나날을 보내야만 했다. 그 당시 나는 교수에게 말하고 싶었다. 너희 부모였어도 이렇게 했을까? 내가 돈이 많은 사람이었다면 그래서 너희 대학에 기부했어도 이랬을까?

환자가 죄인이니? 묻고 싶었다. 아픈 게 죄는 아닌데 말이다. 72시간 동안 초조하게 기다린 보호자의 마음을 알기나 할까? 김밥 한 줄과 생수 한통으로 버티며 기다렸다는 걸 알까? 아니, 알아주기를 바라지도 않는다. 다만 당신의 위치에서 최신을 다하는 의료인이 되기를 바란다.

병이라는 죄목을 들고 온 죄수 같다

72시간 중환자실에서 밤새 기다려본 자는 안다. 삶과 죽음 앞에서 보호자는 얼마나 마음이 아픈지 말이다. 얼음장 같은 중환자실 문에서 왔다 갔다 하는 사람은 간호사뿐이다. 간호사는 환자에게 필요한 물품을 사오라며 종이 한 장을 건넸다. 기저귀 4통, 물티슈, 물통, 베개 등 종이에 적힌 대로 매점에 가서 사오면 되는 것이다. 복도 끝에 위치한 매점은 불경기가 없어 보였다. 나처럼 종이에 적힌 물건을 하나 하나 찾는 사람들이 대부분이었다. 그들 역시 보호자였다. 나의 키보다 높은 물건을 큰 비닐에 담고 카드로 계산을 하면서 그 순간 '돈 잘 벌겠네.'라는 생각이 들었다. 내 뒤로 줄 서는 사람들이 많았기에 말이다. 간호사에게 물품을 건네면서 "최선을 다해주세요." 라고 고개를 숙였다. 그들은 물건만 건네받고 바로 자동문을 눌렀다. 빨리 자동문이 닫히기 바라는 것처럼 말이다. 아픈 게 죄인가? 너희들은 평생 안 아프고 살 거라고 생각하는가?

아픈 사람의 마음을 알기나 할까? 72시간을 중환자실 앞 의자에 앉아 있는 보호자를 알기나 할까? 형식적으로 대하는 그들의 태도에 나는 할 말을 잃었다. 교대 근무 때 마치 약속이라도 하듯 하하 호호 웃음을 띠며 나오는 의료인들이 보였다. 마치 감옥에서 해방되어 나오는 사람처럼 즐겁게 말이다.

그들은 일할 때는 만사 귀찮고 짜증나고 화난 사람처

럼 무뚝뚝했지만 퇴근시간만큼은 세상 무엇 부러울 것 없는 사람처럼 환하게 웃었다. 그런 모습이 가증스러웠다. 웃음이 없는 줄 알았는데 웃음이 많은 사람들이었다.

옆 의자에 앉아 있는 또 다른 보호자와 잠시 이야기를 나눴다. 우리는 그 순간 같은 동지였다. 그들 또한 나의 심정과 똑같았다. "교수님 회진 기다리다가 목 빠지겠어요. 저희 신경외과 교수님은 이 시간에 딱 한번 회진 오시거든요."

"한번이라도 오는 게 어딘가요? 저희는 72시간 만에 교수가 시술하는 거 딱 한번 봤어요. 주치의는 코빼기도 안보이구요. 호출하면 짜증만 내더라구요."

그들도 말했다. "누가 우리들의 마음을 알겠어요. 저도 시골에서 새벽 차 타고 올라왔어요." "저도 지방에서 왔어요." 이런 대화를 주고받으면서 나의 속은 답답하기만 했다. 병이라는 죄목을 들고 온 죄인 취급을 받은 것만 같아서 말이다. 중환자실에서 어떤 치료를 받고 있는가? 피검사는 했을까? 앞으로 치료 방향은 어떻게 될까? 이런 설명조차 듣지 못하고 마냥 의자에 앉아서 중환자실 문만 바라봤다. 그렇게 또 하루가 지났고 나는 주치의를 만나게 해달라고 했다. 주치의는 바쁜 자기를 왜 부르냐며 나에게 짜증냈다. 자기가 환자 60명을 봐야 한다면서 자기의 힘든 상황을 나에게 설명했다. 알아서 처치하고 있으니깐 기다리세요. "네? 선생님, 저는 이곳에서 3일 밤을 꼬박 지새웠어요. 선생님은 한 번도 제 눈에 안 보였구요. 선생님 바쁜 상황을 모르는 것도 아니고 저도 3일 동안 선생님 기다렸다구요. 아버지의 피검사 결과도 듣고 싶고 앞으로 치료 방향도 알고 싶어서요." 주치의는 깊은 한숨을 쉬며 나를 컴퓨터 모니터 앞으로 데려갔다. "여기 앉으세요." 피검사를 하나하나 보여주며 설명을 하기 시작했다. 설명하면서 왠지 모르게 버벅버벅 하는 게 느껴졌다. '왜 이 수치가 나왔지? 음.' 한참동안 생각하면서 다시 설명을 했고, 이 검사는 왜 안 했지? 고개를 갸우뚱 하며 "지금 장기부전에 빠졌는데 심장부전이 가장 심각하구요. 신장도 제 기능을 못하고 있어요. 그래서 다른 과로 컨설트할 거구요." "선생님 최선을 다해주세요." 그 말밖에 나는 할 말이 없었다. 왠지 부족한 주치의의 버벅대는 설명이었지만 말이다. 화장을 완벽하게 하고 긴 생머리를 하나로 묶고 힐을 신고 있는 이 여자가 지금은 내가 가장 신뢰해야만 하는 사람이었다. 하필 주치의를 만나도 이런 사람을 만나다니. 그 순간 담당교수가 왔고 "여기서 뭐해?"라고 물었다. 주치의는 "보호자분께서 설명해달라고 해서 올라왔어요."라며 애교섞인 목소리를 냈다. 담당교수는 나를 보면서 "제가 어제 설명했잖아요. 아버지의 상태는 이미 안 좋아서 병원에 도착했고 지금은 장기기능 부전에 빠졌다고요. 못 알아들어요?"라는 시선으로 나를 쏘아봤다. 기분이 상했지만 그 상황에서 내가 할 수 있는 일이라곤 고개 숙이는 일밖에 없었다. "최선을 다해주세요." 라는 내 인사를 뒤로하고 "교수님 식사하러 같이 가요." 라는 애교 섞인 주치의 말에 교수는 함박웃음을 짓고 가는 모습이 보였다.

역겨웠다. 바쁘다는 주치의의 짜증도, 자신의 할 일을 다 했다는 교수의 냉정함도 그 순간에는 말이다. 웃음을 지으며 식당으로 향하는 두 사람의 미소가 나에겐 역겨웠다. 환자를 병이라는 죄목을 들고 온 죄수 취급하는 그들을 보면서 눈물이 났다. 그들의 함박웃음을 환자와 보호자에게 보였다면 어땠을까?

따뜻한 손 한번 잡아주고 미소 한 번 지어주고 힘내라며 용기를 주는 게 그렇게 어려울까? 의료인의 진정한 모습을 한 번만이라도 보여주었다면 나는 이 책을 쓰지 않았을 것이다. 먼 장거리를 오가며 나는 생각했다.

이 책을 써서 모든 의료인이 조금이나마 변화될 수

있으면 좋겠다고 말이다. 중환자실 앞에서 초조하게 밤을 새는 보호자들, 김밥 한 줄로 식사를 하는 보호자들, 공중화장실에서 대충 씻으며 행여나 나를 부르지 않을까 초조해 하는 보호자들, 눈을 감고 잠들 수 없는 보호자들, 그리고 아픔을 견디는 환자들, 죽음을 넘나드는 환자들은 결코 약자가 아니다. 아니, 죄인이 아니다.

중환자실과의 인연

중환자실과의 인연은 나의 어릴 적부터 시작됐다. 아픈 엄마는 이유 없이 쓰러졌고 119를 타고 중환자실로 입원과 퇴원을 반복했다. 정확한 병명은 모르겠으나 당시 뇌수술까지 받았던 기억이 있다. 텅 빈 집에서 혼자 있는 게 익숙해져 버린 나에게 유일한 취미는 피아노였다. 장래 희망이 피아니스트였을 만큼 내 슬픔 감정을 다 녹여주었기 때문이다. 큰 비용이 들어서 중도

포기했지만 피아노가 없었으면 어땠을까 할 정도로 피아노가 사랑스러웠다. 학창시절 가장 슬픈 날은 소풍, 입학식, 졸업식이었다. 남들이 쉽게 싸온 김밥이 나에게는 가장 어려웠다. 소풍 날 김밥 싸줄 사람이 없어서 혼자 볶음밥을 싸가기도 했다. 최대한 야채를 잘게 자르고 그럴싸하게 포장을 했다. 맛은 형편없었지만 창피하지 않을 만큼만 가지고 갔다. 친구들이 한입 먹어봐도 돼? 라고 물을까봐 초스피드로 입 안에 꾸역꾸역 넣기까지 했다. 졸업식 때 사진 찍자며 가족끼리 화목한 모습을 볼 때면 어딘가로 숨고 싶었다. 자장면 한 그릇 사먹을 수 없어서 졸업식 앨범만 덩그러니 들고 집으로 뛰어 오던 기억들이 스쳐지나간다. 아픈 엄마를 보면서 엄마 "제발 살아줘." 라고 말했다. 엄마의 존재만으로도 큰 힘이 되었다. 그런 우울한 학창시절을 보내고 간호사로서 새로운 인생의 길을 걸어갈 때쯤 나의 절친인 언니가 호흡곤란으로 119를 타고 실려갔고, 당시 밤 근무였던 나는 기진맥진한 상태로 응급실에 도착했다. 언니는 희귀병의 진단을 받고 중환자실에서 1년 가까이 투병 생활을 해야만 했다. 그렇게 나는 병원에 사직서를 던졌고, 언니 곁을 지키며 간호했다. 그 당시 나에게 따뜻한 말을 건넸던 간호사들, 빵과 우유를 건네줬던 주치의들, 회진 와서 늘 말없이 나의 등을 토닥여주는 교수님들 덕에 눈물을 참으며 간호할 수 있었다. 그런 의료진들 덕분에 언니는 긴 투병 끝에 삶과 죽음의 고비를 넘나들면서도 삶의 희망을 얻을 수 있었다. 그 후부터 나는 인생을 마지막 하루라는 생각으로 살았다. 오늘 내 인생이 마지막 하루라면 나는 무엇을 할까? 이런 생각으로 열심히 잘 달려왔다. 그렇게 달려왔는데 최근 아버지의 병환으로 또 한 번 중환자실 앞에 섰다. 지긋지긋한 병원과의 인연. 그것도 삶과 죽음의 귀로에 있는 가장 긴박한 환자만 있는 중환자실. 그 앞에 나는 또 울면서 서 있다. 몇 년 만에 다시 찾은 다른 병원 중환자실은 달랐다. 과거의 따뜻함이 느껴졌던 곳과 달라도 너무 달랐다. 환자를 죄인 취급하는 이곳 병원이 이상한 걸까? 세상이 바뀐 걸까? 아니면 사람들의 인성이 나빠진 걸까? 이 병원만 이러는 걸까? 다른 곳도 비슷할까? 보호자의 말 한마디는 무시당한 게 당연한 건가? 환자는 죄인인가? 차가운 냉기만 도는 이곳에서 나는 할 말을 잃었다.

코로나19로 지역의료가 마비된 상태에서 이 병원에 들어온 걸 다행이라고 생각해야 하나? 내가 생각한 병원과는 너무 달랐다.

그들 역시 얼마나 지치고 힘든 줄 안다. 아침도 굶고 왔을 것이고 커피 한 모금 마시지 못하고 화장실 한번 가지 못한 채로 환자를 보고 있을 것이다. 의료인들도 사람이라는 건 잘 안다. 그들도 사람이기에 감정도 있을 것이고 짜증도 날 것이고 일하기도 싫을 것이다. 다만 나는 사람이기에 앞서 그들이 의료인이라는 직업의 소명의식이 있었으면 좋겠다. 아픈 사람을 일이라 생각하며 쌀쌀맞게 대하는 게 아니라 조금은 따뜻했으면 좋겠고, 아픈 사람을 돈벌이의 수단으로 검사하는 게 아니라 빨리 회복되기를 바라는 마음으로 처치했으면 좋겠다. 그들이 당신의 부모일 수 있고 형제일 수도 있으니 조금은 따뜻했으면 좋겠다. 힘들고 지친 보호자에게 기다려라, 조용히 해라. 가 아니라 많이 걱정되시죠? 검사 결과 나올 때까지 "조금만 기다려 주세요." 라고 말하면 큰일나는가?

몇 년 전 내가 느꼈던 따뜻한 병원의 느낌은 두 번 다시 느낄 수 없을까?

당신들이 받은 월급은 당신이 일한 대가가 맞는가? 월급 받은 만큼이라도 일했으면 좋겠다. "우리도 사람이라구요." 라고 외치는 그들에게 말하고 싶다. 힘들고 지치면 그냥 쉬면서 재충전하라고 말이다. 그 자리는 다른 사람으로 언제든지 대체될 수 있다고 말이다. 반복된 일상에 지쳐서 억지로 일하는 사람이 아닌 진정한 의료인이 많아지기를 간절히 바래본다. 당신이 있는 그 자리는 언제든 다른 사람에게 대체될 수 있다. 그러니 월급 받은 만큼 최선을 다해주었으면 좋겠다. 환자는 죄인이 아니다. 아니, 당신의 부모였어도 그렇게 할 것인가? 의료인도 사람이기에 사람처럼 행동해야 한다. 사람이라면 최소한의 예의와 따뜻한 정은 있지 않은가?

당신들도 아플 수 있다

평생 건강하게 살 수 있다면 얼마나 좋을까? 인간으로 태어난 이상 우리는 누구나 죽는다. 건강하게 살 수만은 없다는 뜻이다. 병원이 우후죽순 늘어나는 이 시대에 환자들 역시 병원 가는 일이 많다. 한 지인은 아침부터 저녁까지 병원 투어로 하루를 마감한다며 치리리 죽고 싶다는 말을 했다. 온몸이 쑤시니 정형외과에 가서 물리치료 받고, 치아도 안 좋으니 치과 진료 받고, 잠도 안 오니 신경과 가서 약을 타오고, 소화도 안 되니 내과까지 다닌단다. 차라리 죽는 게 낫겠다던 지인은 대학병원만 다녀오면 구토를 한다고 했다. 기다리느라 지치고, 먼 거리를 버스타고 오다보니 속에서 신물이 올라온다고 말이다. 1시간 동안 고생고생 해서 병원 가면 또 앉아서 기다리고 교수 진료 5분 보고 또 검사실 찾아가서 피 빼고 다시 버스타고 집에 오면 하루가 금방 지나간단다. 집에 오면 녹초가 돼서 아무것도 할 수 없을 정도로 탈진이 된다는 지인은 대학병원 가는 게 제일 두렵다고 했다. 피검사 결과 보러 2주후에 또 다시 가야하는데 삶이 지긋지긋하다며 고개를 흔들었다. 나 역시 30대에 아이 셋을 낳고 40대가 된 지금까지 워킹맘으로 살다보니 내 건강은 늘 뒷전이었다. 아이들이 아프기라도 하면 업고 뛰면서 병원에 갔다. 정작 나는 치아가 아파도 치과 한번 가보지 못했고 국가에서 나오는 암 검진 한번 받지 못했다. 행여나 무슨 질병이 있을까봐 겁이 났을 뿐 아니라 괜히 병원 가는 게 두려웠다. 아니, 싫었다. 그래서인지 지금 무릎이 아파서 오랫동안 걷지를 못하고 일하면서 허리 통증으로 약을 먹으며 버티고, 눈은 침침해서 최근에 눈 영양제를 샀다. 뿐만 아니라 차가운 음식은 이가 시려 먹지를 못하고 피부 탄력은 떨어져서 노화 방지 크림을 인터넷으로 주문했고, 흰머리로 백발마녀가 되는 중이여서 밤늦게 몰래 목욕탕에서 셀프로 염색중이다. 이런 내 모습을 보고 있으니 젊었을 때가 가장 좋았구나를 실감중이다. 마음대로 뛰어 다닐 수 있고, 화장기 없어도 당당히 나갈 수 있고, 무엇보다 높은 힐을 신을 수도 있었다. 지금은 운동화밖에 신지 못한다. 하나둘 아픈 곳이 늘어나면서 나 역시 두렵다. 지인처럼 병원만 순회하는 삶을 살다 죽을까 봐서 말이다. 아프다는 게 살면서 가장 서러운 일이다. 내가 나를 잘 돌봐야 하는 이유 중 하나이기노 하다.

감기 몸살로 내과에 방문한 적이 있었다. 코로나19로 모두가 예민한 시기에 말이다. 병원 입구에 들어서

나는 간호사입니다

자 20대쯤 젊은 직원이 "어디 아파서 왔어요?" 퉁명스럽게 묻는다. 마스크를 하고 있어서 말소리가 잘 들리지 않는다. 아니면 내 귀가 이상한 건지도 모르겠다. 요즘 부쩍 귀가 잘 안 들리긴 했다. 내일은 이비인후과에 가봐야겠다는 생각을 했다. 귀가 안 들리는 것도 문제지만, 한 번씩 이명이 들렸다. 들리지 않는 직원의 말소리였지만 아픈 곳을 말했다. "감기 몸살로 내원했구요, 열은 없어요." 나에게 아픈 곳을 물어본 거 맞나? 의심스럽기도 했지만 열심히 설명했다. 코로나로 다들 예민한 상태였다. "목도 조금 아프구요." 라고 설명하는데 그 직원은 얼굴을 찌푸렸다. 무슨 말이 많냐는 식으로 나를 쳐다보며 "저희 병원은 목은 안 봐요. 코로나라서 마스크를 벗을 수가 없거든요. 약만 지어 갈 거면 여기 작성하시구요. 목 진료 받고 싶으면 다른 병원 가세요." 내 돈 주고 진료 보러 왔지만 기분이 나빴다. 그 직원의 설명은 다른 병원으로 가라는 말이었다. 똑같은 말이라도 꼭 이렇게 해야만 했나? '당신은 젊어서 영원히 안 아플 거라 생각하나? 당신도 열나고 목 아플 수 있어.'라고 속으로 말했다. 물론 예민한 시기라 코로나19 의심환자를 받지 않는다는 것도 잘 안다. 하지만 이 병원 원장은 위험부담 안고 병원 문을 연거 아닐까? 돈 벌기 위해 병원 문을 열었으면 거기에 맞게 최선을 다해야 하지 않을까? 이 원장이 목 아픈 사람은 다른 병원으로 보내라고 지시했을까? 내과에서 목 아프고 몸살인 사람 진료를 안 하면 어떤 환자를 본다는 것인가? 코로나라고 핑계되면 끝인가? 환자를 가려서 진료 할 거면 뭐 하러 문을 연 걸까?

그렇게 나는 옆 병원 이비인후과로 갔고 그 의사는 "마스크 내리고 목 볼게요." 라며 내 목을 열심히 보며 설명해 주었다. 이 의사는 위험을 감수하면서까지 진료를 했다. 무엇보다 귀까지 봐줬고, 친절하게 인사까지 해줬다. 이 의사는 코로나 시대에 최선의 진료를 했다.

나는 간호사입니다

집에서 거리가 있었지만 다음 날에도 재방문 할 정도로 신뢰감이 생겼다.

　우리는 누구나 아프다. 몸도 마음도 말이다. 그래서 병원을 찾는 것이고 의료인이 있는 것 아닐까? 최선을 다하는 진료, 성의 있는 진료, 친절한 진료를 받고 싶다. 주위만 둘러봐도 같은 과 병원이 몇 군데씩 있다. 환자가 선택해서 진료를 받을 수 있는 시대다. 당신의 병원은 어떤 곳인가? 돈 되는 환자에게만 친절한가? 아니면 모두에게 불친절한가? 누구나 아플 수 있다. 당신도 나도.

아마추어가 될 것인가?
프로가 될 것인가?

'내가 하는 일에서만큼은 프로가 될 거야.' 라는 생각으로 직장생활을 했다. 쉽지 않았다. 프로는 시간이 흐르고 일이 익숙해지면 되는 줄 알았다. 병원으로 따지면 수간호사 정도면 프로가 아닐까? 단순하게 생각했다. 최근 근무했던 병원의 수간호사는 경력 20년차 이상의 사람이었다. 문제는 전혀 일을 하기 싫어했다는 거였다. 컴퓨터 앞에서 있는 시간이 전부였다. 지시형이었던 이 분은 배울 점이 하나도 없었다. 아니, 장점이 하나도 없었다. 지시하며 아랫사람 부려먹을 줄 아는 게 가장 큰 장점이었다. 이런 사람이 프로일까? 그때 나는 깨달았다. 프로는 일을 잘 알고 오래 근무하는 사람이 아니라는 것을 말이다. 프로는 내가 어떤 자세로 일하고 의료인으로서 최선을 다하는가에 따라 프로와 아마추어로 나뉜다는 사실을 말이다. 내 동료는 병원에 오면 늘 "일하기 싫다. 집에 가고 싶다. 퇴사하고 싶다."는 말을 밥 먹듯 했다. 이 동료는 아마추어였다. 늘 자기의 본심을 밖으로 드러내며 일하기 싫은 티를 팍팍 냈으니 말이다. 주변 사람들에게 부정의 기운을 퍼 나르며 늘 불만불평만 했다. 이런 사람이 아마추어다. 또 한 명의 동료는 같은 나이지만 정말 일을 열심히 했다. 점심시간이 다 되었는데도 환자 한번 라운딩해야 한다며 혼자서 분주했다. 환자가 묻는 질문에 대답하느라 점심식사를 하지 못하는 날이 있을 정도였다.

일은 조금 느렸지만 이 동료는 정말 그 누구보다 최

선을 다하고 있었다. 늘 웃으며 환자들을 대했고, 자신이 맡은 일에는 오버타임을 하면서까지 끝내고 퇴근했다. 이 친구와 있으면 왠지 나도 그렇게 해야만 할 거 같은 생각이 들었다. 사람은 환경에 적응하는 동물이라는 말이 맞다. 내 주위에 긍정적인 사람이 많고 열심히 일하는 사람이 많으면 나 역시 자연스레 그렇게 된다. 반면 불친절하고 불만만 하는 사람들과 함께 일하면 작은 일을 하면서도 힘들다고 툴툴 거리게 된다. 몇 번의 이직을 통해서 나는 긍정적인 사람을 만나게 해달라고 기도했다. 하지만 가는 곳마다 부정적인 사람들이 꼭 있었다. "내가 너보다 더 윗 사람이야." 부터 시작된 태움은 라떼는 말이야~로? 끝내는 사람들 말이다. 이제 세상이 바뀌었다.아직도 내가 너보다 더 경력이 많아. 그러니 나는 앉아 있어도 되고 너는 안 돼. 이제는 윗사람이라고 앉아 있고, 아랫사람이라고 뛰어다니는 시대는 끝났다. 모니터만 보면서 하루를 보내는 사람에게 배울 점이 뭐가 있을까? 그런 사람은 경력만 많다는 이유로 월급을 축내는 사람이다. 예전에는 회사에서 하는 일 없이 월급만 받아가는 윗사람들이 많았다. 지금은 그랬다가는 짤린다. 아니 무능력한 사람으로 분류된다. 예전에는 윗사람 말이라면 다들 복종을 했다. 퇴근 후에 소주 한 잔 하자고 하면 다들 참석했다. 지금은 그랬다가는 젊은 사람 사이에서 왕따된다. 과거 이야기를 서슴지 않고 하는 사람, "이 자리까지 올라오기 위해서 얼마나 힘들었는 줄 알아? 밤새 술 마셔야지, 주말엔 운동도 해야지. 윗사람 되기가 쉬운 줄 알아?" 이런 말을 자랑스럽게 해댄다. 과거에는 열심히 하고 지금은 왜 열심히 안하지? 자신의 과거만 내세울 줄 아는 사람인가? 과거에 고생해서 지금의 자리에 올랐으니 이제 앞으로 일 안 해도 된다는 거야? 그럼 앞으로 쭉 쉬던지. 지금은 윗사람들이 더 치열하게 일하고 프로로 인정받기 위해 더 노력한다. 위로 올라간 사람은 앞으로 내려갈 길밖에 없다는 걸 알기에 더 치열하게 산다. 이 사실을 모르는 라떼는 말이야~ 고지식한 사고방식으로 한자리를 차지하며 아마추어처럼 사는 사람은 조만간 희망 퇴직하시지요, 라는 제안을 받을지도 모른다. 몇 년 전 함께 일했던 간호부장도 목에 깁스하고 병원 라운딩 한 번 하고 자기 방에서 시간만 때우다 권고사직을 당했다. 이 부장라인에 있었던 사람들은 순간 어안이 벙벙했다. 그러면서 뒤에서 욕했다. 운 좋게 부장까지 올라간 거지. 솔직히 실력은 없었어. 그들 역시 똑같다. 부장라인에서 콩고물이라도 떨어질까 아부할 땐 언제고 퇴사한 순간 다른 사람이 돼서 그 사람을 욕했다. 아마추어밖에 되지 않는 사람들이다. 우리 학교 선배는 병원 입사할 때부터 수간호사가 목표였다. 한 직장에서 열심히 아부하고 동료의 험담도 서슴지 않고 자기를 뽐내기 바빴다. 그런 선배는 자기의 뜻대로 지금 수간호사 자리를 차지했다. 그녀는 자기가 승자라도 된 듯 "사회생활은 말이야. 나처럼 해야 된다."고 연설을 했다. 아부와

　　　　　　　나는 간호사입니다

애교도 능력이고 누군가가 올라가기 위해선 짓밟고 가도 되는 것이고 어차피 경쟁의 사회에선 1인자가 있기 마련이라고 말이다. 이 선배의 말을 들으면서 나는 이 선배가 프로라는 생각이 하나도 들지 않았다. 경력만 많아서 운 좋게 올라간 아마추어라는 생각밖에 없었다. 진정한 프로는 나 자신에게 떳떳하게 일하는 사람이 아닐까 생각해본다. 누군가를 짓밟고 이기적으로 살면서 수간호사의 자리를 차지하는 게 자랑스러워 보이지 않는다. 수간호사라는 타이틀만 있을 뿐이지 속은 얌체인 사람이다. 문제는 이런 사람들이 한둘이 아니라는 사실이다. 더 높은 자리로 올라가려고만 하는 사람들, 올바른 인성이라곤 눈곱만치도 없는 사람들, 컴퓨터 모니터 앞에서 시간을 보내는 사람들, 행동보단 말만 하는 사람들이 많아서 문제다. 프로는 일만 잘해서 되는 건 아니다. 행동으로 증명해보이고, 초심의 자세로 최선을 다하는 사람이 아닐까 생각해본다. 당신은 경력만 앞세우는 아마추어는 아닌가?

제3장
내가 가고 싶은 병원은?

환자로서 존중받고 싶다

병원을 좋아하는 사람은 없다. 나이가 들수록 병원을 가는 횟수가 늘어나는 서글프고 고단한 생활이 시작된다. 중년의 나 역시 진통제로 참다 참다 병원을 찾는다. 아픈 곳이 하나둘씩 늘어나는 내 몸을 볼 때마다 늙는다는 걸 실감한다. 정형외과에서 관절염 진단을 받고, 이비인후과에서 돌발성 난청, 그리고 내과에서 역류성 식도염까지 진단을 받고 나니 아침마다 먹는 약만

한 주먹이다. 최근에는 발뒤꿈치까지 아파서 끙끙 앓았다. 건망증도 심하고 우울증도 있어서 정신과에도 가봐야 하는데 최대한 자제하고 있다. 병원에 가기 싫어서말이다. 과거에 병원에 살다시피 한 나의 삶은 슬픔이었다. 소독약 냄새, 피냄새, 탁한 공기냄새로 두통을 달고 살았다. 병원과의 인연은 간호사라는 직업을 택함으로써 끊을래야 끊을 수 없는 일이 되고야 말았다. 그토록 싫다던 병원에서 나는 하루 종일 산다. 캐비닛에서가운을 갈아입으면서 늘 생각한다. 오늘도 무사히 하루가 지나가기를. 그리고 환자에게 최선을 다하기를. 한치 앞도 알 수 없는 인생이기에 오늘 하루 최선을 다하자고 다짐한다. 사실 죽음을 맞이할 때 마다 두려웠다.사람 인생이 참 허무하구나. 다만 의료인이기에 담담히견디고 죽음 앞에서 보호자들을 위로해야만 했다.

　우울증과 공황장애는 나의 친구였다. 지난 세월을 돌이켜보니 힘들게 일하는 의료인들도 많았고, 냉정하고무례한 의료인들도 많았다. 무엇보다 환자를 존중하는 의료인들을 볼 때면 그분의 인성에 감탄하곤 했다. 점심을 굶어가며 응급실에서 환자를 보고, 수술을 끝내고 보호자에게 가장 먼저 달려가고, 퇴근시간 지나서까지 회진을 도는 진정한 의료인들을 보면서 감탄하곤 했다. 다만 그런 의료인들이 많았으면 하는 바람이다. 의료인들이 고생한 만큼 아픈 환자들 고생 또한 말로 설명을 못한다. 아픈 몸을 이끌고 새벽차를 타고 왔다는 할아버지, 입원실이 언제 생길지 몰라 병원 앞 여관에서 투숙하며 기다리는 환자분, 뜬눈으로 중환자실 앞에서 초조하게 기다리는 보호자분, 수술실 앞에서 기도하며 기다리는 보호자분 등을 볼 때 마다 나는 마음이 아프다. 나의 과거가 생각나기도 했고, 나 역시 그런 심정으로 초조하게 살았기 때문이다. 언니가 중환자실에 있을 때는 응급상황 때 제발 살려달라며 애원했고, 아버지가 중환자실에 있을 때는 제발 의사가 빨리 와서 응급시술을 해달라고 애원했다. 보호자들 역시 애타고 아픈 가슴을 부여잡고 있음을 알아야 한다. 지푸라기라도 잡고 싶은 심정을 의료인들이 조금은 헤아려 주었으면 한다. 그들 역시 사람이기에 짜증도 나고 밀린 일처리를 하느라 밥도 못 먹고 화장실도 못 간다는 걸 잘 안다. 예민한 환자들 상대하느라 그들이 얼마나 힘든 줄도 잘 안다. 다만 보호자가 되어보니 알겠더라. 타들어 가는 심장이 어떤 것인지를 말이다. 의료인들이 받은 월급은 환자들 주머니에서 나오는 돈이다. 그들이 존중받으며 치료 받을 권리가 있다. 쌀쌀한 말투와 냉정하게 쏘아 붙이는 말투로 뭐 쳐다보듯 쳐다보지 않기를 바란다. 그러면 당신은 월급 받을 자격이 없다. 일은 그따위로 하면서, 돈만 벌고 싶은 그런 사람은 의료인이 될 자격이 없다. 최근 아버지의 병환으로 간 대학병원 주치의와 교수는 환자를 죄인 취급했다.

그들에게 환자는 자신의 돈벌이 수단일 뿐이었을까? 기다리라면 기다리고 가라면 가는 사람인가?그들도 사람이기에 피곤하고 힘든 줄 안다. 다만 환자를 존중하는 것은 의료인의 기본자세라 생각한다. 공부만 잘해서 의사가 되면 진정한 의료인인가?목에 깁스하고 나타나 냉정하게 말하는 게 진정한 의료인인가?단 1분만이라도 보호자의 심정을 헤아려서 설명해줬다면 어땠을까?4시간을 달려와 지푸라기 잡는 심정으로 말하는 보호자의 마음을 조금이라도 알아줬다면 어땠을까?자기 아버지였어도 이렇게 했을까?

의사는 머리로만 공부를 잘한 것이 아니라 마음으로 사랑을 나누는 사람이 진정한 의료인이다. 형식적으로 하는 반복된 일들, 지쳐서 일하기 싫은 표정들, 쌀쌀한 말투, 무응답으로 무시하는 태도에 우리나라 의료계의 현 주소를 눈으로 똑똑히 보았다. 환자는 존중받을 권리가 있다. 우리들이 당신들을 존중하는 것처럼 고개 숙이며 최선을 다해달라고 하는 것처럼 말이다. 의료인들도 사람이다. 사람이라면 최소한 상대방의 대한 예의는 갖춰야 하는 건 아닐까?

환자와 보호자는 의료인들에게 존중받을 권리가 있다.

병원 홍보보다 중요한 것은

|

우체통 안에 홍보물이 한가득 있어서 엘리베이터를 기다리면서 훑어 봤다. 병원 홍보 전단지가 눈에 띄었다. 집 앞의 새로 생긴 내과인데 맘카페에도 이 병원의 홍보를 본적이 있었다. 최고의 시설과 최고의 의료 기기, 그리고 최고의 의료인으로 구성된 병원이라고 했다. 건강검진 센터가 있고 초음파 기계는 제일 좋은 것이고, 의료인들의 약력이 적혀있었다. 홍보를 열심히 하고 있다는 느낌이 들었다. 한편으로는 최고의 인테리

나는 간호사입니다

어를 강조할 만큼 돈이 많은가? 의료 기기만 좋다고 해서 잘 보는 건 아닐 텐데. 의사의 커리어 역시 사소한 것 하나하나 적혀있었다. 이렇게 홍보하는 이 병원은 과연 진료도 잘 할까? 궁금했다. 그 후에도 맘 카페에 몇 차례 병원 홍보 글들이 올라왔다. 주위 모든 지인들을 동원해서 홍보하는 듯했다. 오픈 전인데도 이 병원에 대한 답을 자세히 해줄 정도였다.

며칠 후 병원 오픈 날 건강검진의 예약을 잡았다. 홍보를 잘 한 만큼 진료도 잘하는지 궁금했다. 병원에 들어서자 많은 직원들이 눈에 띄었고, 내 이름을 이쪽저쪽에서 불러댔다. 피검사 하러 들어오라고도 했고, 방사선과에서 들어오라고도 했다. 순간 뭐지?어디로 가야 하지?망설였다. 일의 체계가 안 잡혀서 뭔가 어수선했다. 간 초음파 검진을 위해 준비를 하는데 간호사는 설명도 없이 내 배에 차가운 젤을 '찍' 뿌렸다. 순간 깜짝 놀랐지만 참았다. 의사는 "간 초음파 검진을 왜 하죠" 라고 물었고 당황한 나는 "국가 검진에서 하라고 해서요." "간염 있어요? 간경화 있어요?" "아니요." 근데 왜 하라고 하지? 순간 나는 당황스러웠다. 나에게 물어보면 내가 뭐라고 대답해야 하나? "간 초음파 대상이라고 표시가 되어 있던데요." 라고 하자 의사는 "간 초음파는 아무나 해주는 게 아니에요. 간염이나 간경화 등 과거력이 있어야 해요. 그럼 다시 알아보고 올게요." 라며 얼른 일어났다. 의사는 차마 환자를 다시 가라고 할 수가 없어서 우선 검사를 하겠다며 고개를 갸웃거리며 초음파를 했다. 무언가 의심스럽다는 듯이 말이다. 검사를 받는 나 역시 불편했다. 내가 그냥 해달라는 것도 아니고 대상자여서 왔는데 왜 나에게 뭐라고 하지? 병원 홍보와는 달리 친절한지도 모르겠고, 최고급 인테리어도 모르겠고, 의료기기 좋은 줄도 모르겠다. 의사의 설명 또한 간단했다. 초음파 하면서 "괜찮아요." 그리고 끝이었다. 간 초음파가 끝나고 간호사는 다 됐다며 집

나는 간호사입니다

에 가라고 했다. 그렇게 뭔가 찝찝한 기분으로 집으로 돌아왔다. 밤새 금식한 탓에 배에서는 배꼽시계가 울렸다. 양푼에 밥을 넣고 열심히 밥을 비비고 있는 찰나 모르는 번호로 전화가 왔다. 방금 다녀온 내과 였다. 간호사는 왜 의사 설명도 안 듣고 집에 갔냐고 뭐라 한다. 순간 "네? 집에 가라고 하던데요.".뭔가 주눅 들어 대답했다. 상담실장인가 하는 사람이 의사 설명을 듣고 갔어야 했다면서 언제 다시 올 수 있냐고 물었다. 순간 답답한 마음이 올라왔다. 그럼 설명 듣고 가라고 했어야죠. 제가 다 끝났냐고 물어보니 집에 가도 된다고 했다구요. 제가 혼자 집에 간 게 아니라 거기 직원이 다 끝났으니 그냥 가면 된다고 했어요. 재차 강조했다. 순간 억울했다. '저희 직원이 잘 몰랐나 봐요. 죄송해요.' 가 아니라 "왜 집에 갔어요? 설명 듣고 가야죠?" 라며 야단치는 말투였다. 뭐라 변명을 해도 그 직원은 무조건 다시 병원에 오라고 했다. 나는 힘없이 "지금 갈게요." 라며 양푼의 비빔밥을 반도 먹지 못한 채 병원으로 향했다. 의사는 왜 갔냐고 다시 한 번 물었고 나는 속이 상해서 말했다. "오픈병원이라 체계가 안 잡혔나 봐요. 가라고 하던데요." 의사는 당황하며 나의 간초음파 사진을 보여줬다. 어렵게 설명을 듣고 다시 한 번 간호사에게 "진짜 가도 되죠?" 라고 재차 물었다. 옆에는 제약회사 직원으로 보이는 사람이 원장을 만나기 위해 기다리는 모습이 보였다. 이 제약회사도 홍보하기 위해 왔구나 라는 생각이 들었다. 요즘 시대에 홍보가 중요하다지만 나는 그렇게 생각하지 않는다. 실력 있는 의사와 환자를 존중하는 병원은 가만히 있어도 다 입소문이 난다. 그런 병원은 홍보를 안 해도 환자가 밀려든다. 넘쳐나는 홍보와 정보를 다 믿는 미련한 사람이 되지 않았으면 좋겠다.

최근 맘 카페에는 동네 병원 여의사가 병원 홍보를 했다. 이곳은 부부가 운영하는 병원으로 우후죽순 생기는 내과에 경쟁하듯 홍보글을 올렸다. 자신의 병원은 내시경 기계가 어쩌고 저쩌고 일회용으로 소독하고 또한 최고의 간호사가 있다고 말이다. 이곳 내시경실에 일하는 간호조무사를 내가 개인적으로 알고 있음에도 불구하고 이 의사는 마치 오래된 베테랑 간호사가 있는 것으로 과대 포장하며 글을 썼다. 이곳 간호조무사는 최근 입사한 초짜인데도 불구하고 말이다. 물론 과대광고를 해서 환자를 많이 유치하는 게 그들에게 유리하다는 건 잘 안다. 다만 솔직하게 광고를 하면 안 되는 것일까?아님 실력으로 보여주던지 아니면 환자를 존중해서 입소문이 나던지 말이다. 대학병원 문 앞만 봐도 로봇수술 시행 누구누구 교수님 소개를 하며 홍보가 되어 있다. 로봇수술 시행하는 이 병원은 홍보에만 열을 올리며 마치 자기병원만이 할 수 있다고 말한다. 하지만 로봇수술로 돈 벌이에만 급급한 건 아닌지 살펴봐야 한다. 안 해도 되는 검사를 해가며 마치 환자를 위한다는 병원도 많다. 오로지 돈벌이에만 급급해서 말이다. 이제는 바뀌어야 한다. 진정한 실력자는 잘난 체 하지 않는다. 묵묵히 일하고 환자에게 최선을 다한다. 그게 진정한 의료인의 자세라 생각하면서 말이다. 오늘도 홍보에만 열을 올리는 사람들에게 말하고 싶다. 그럴 시간에 환자 한 명이라도 정성껏 진료하라고 말이다.

반말이 친근감이 아니다

초면부터 편하게 반말하는 사람을 우리는 주위에서 종종 본다. 나를 언제 봤다고 말을 놓지? 편하게 사람을 대하기 위한 거라고 포장하지만 듣는 사람은 불쾌하다. 입사한 지 며칠째 우리 부서에도 뜬금없이 반말하는 사람이 한 명 있었다. 나이가 나랑 동갑이라는 이유로 몇 마디 말을 하더니 편하게 말놓을께 라며 서슴없이 말했다. 순간 당황스러웠다. 나랑 친구하자는 의도인가? 그 때부터 나는 그 사람과 멀어졌다. 아니 고의적으로 피했다. 무례하기 짝이 없었고, 말투도 지시형이었다. 출근시간에 엘리베이터에서 만날까봐 계단으로 걸어 간적도 있었다. 나이가 동갑이지만 직장 선배라는 이유로 나는 약자였다. 말 놓자고 했지만 나는 말을 놓을 수가 없었다. 그 사람은 직장 선배라는 이유로 나에게 이것저것 시켰다. 한번은 회식 자리에서 편하게 말하라며 나를 배려한 척 했지만 그날 이후 그 사람과 마주칠까봐 피해 다녔다. 술자리에서는 "우린 친구야. 몇 학번? 나랑 동갑이야." 이렇게 말했지만 직장에서는 선배행세를 해댔다. 나보다 몇 년 먼저 들어왔다는 이유로 말이다. 그런 사람이 술만 취하면 친구 친구 하는데 정말 싫었다. 내일 직장에서 어떻게 민낯을 드러내려고 하는지 말이다. 반말이 친근감이 아니라 무례함이라는 걸 모르고 사는 듯 했다. 물론 오랜 시간 내가 좋아하는 사람이 나를 동생처럼 때론 친구처럼 대한다면 나 역시 영광일 것이다. 반면 친구라는 말로 포장하면서 반말을 해대며 속으로는 응큼한 여우짓을 하는 사람이라면 무례한 것이다.

며칠 전 아이의 콧물로 이비인후과에 방문했다. 오픈한 지 얼마 안 된 깔끔한 병원이었다. 아이의 이름이 호명되고 아이를 데리고 진료실로 들어갔다. 안녕하세요..아이도 나도 인사를 건넸다. 의사는 컴퓨터 모니터를 보며 마지못해 "네" 라고 대답은 했지만 앞 환자의 오더를 내고 있는 듯 급하게 컴퓨터 타자를 입력하고 있었다. 순간 너무 빨리 들어왔나?다정하게 인사를 할 줄 알았는데 거기서부터 시작되었다. 의사는 오더를 다 낸 듯 "어디 아파요" 라고 물었다. 콧물이 2주전부터 나고 집에 있는 약을 먹여도 호전이 없어요. 열감도 있어서 집 앞 내과에 갔는데 증상이 더 심해진 거 같아서 왔습니다. 최대한 상대에게 예의 있게 설명했다. 그 의사는 약간의 쓴웃음을 짓더니 말했다. "그 병원 카피약 썼나 보네. 호전이 없는 걸 보니깐. 우리 병원은 카피약 같은 싸구리 약 안 써. 나만 믿어. 내가 좋은 약 줄테니깐."

그렇게 진료가 끝난 후 나는 어안이 벙벙해졌다. 내

가 어려보인가? 그래도 아이엄마인데..아이도 데리고 갔는데..왜 나한테 반말로 저러나? 그 의사가 나보다 더 어려보이는데..자신감이 넘쳐서 반말로 얘기한 건가? 아니면 원래 반말이 익숙한 사람인가? 내가 동안인가?"별별 생각이 들었다. "약 먹고 한 번 더 와야 되나요?라고 물어봤더니 "이 약 먹고 호전될 거야."자신감 넘쳤다. 그 후 아이의 증상은 호전 됐고 다시는 그 병원에 갈 수가 없었다. 그 의사의 반말이 불편해서 말이다. 그 의사의 자만심과 반말은 무언가 모르게 그 병원을 두 번 다시 갈수 없게 만들었다.

며칠 후 맘 카페에 어떤 분이 글을 올린 걸 봤다. 나와 비슷한 내용인데 자기에게 반말을 하는 그 병원 의사에게 기분이 나빠서 두 번 다시 가기 싫다고 말이다. 그 순간 나는 아차 싶었다. 니한테만 그런 게 아니었구나. 그 의사는 모든 사람에게 반말로 자신감을 뽐내는 구나. 의기양양하게 나만 믿어. 내가 고쳐줄게. 좋은 약 줄게.이런 걸 자신감이라고 해야 하나?아님 실력자라고 해야 하나? 실력 있는 의사라서 반말을 한다고? 뭔가 이해가 안됐다. 그 의사는 동네 아줌마들에게 친근감의 표시로 편하게 이야기 했을 수도 있겠다고 나름 긍정적으로 생각했다. 반말은 친근감이 될 수가 없다. 말의 소중함은 누구나 잘 안다. 한마디 말로 고객을 다른 병원으로 가게 만드는 일이 없기를 바란다. 아무리 실력자여도 반말은 친근감이 아니다. 최근 입사한 병원에 20대의 간호사가 들어왔다. 다들 반말로 어디 병원에서 근무했어? 결혼은? 어리다는 이유로 반말로 툭툭 질문을 해댔다. 그 20대 간호사는 그런 사람을 뭐라고 생각할까? 친근하다고 생각할까? 기분 나쁘다고 생각할까? 글쎄...나는 직장에서 말을 쉽게 놓는 사람이 좋게 보이진 않는다. 내가 존중받기 위해선 상대를 존중해야 한다고 생각한다. 무례함이 지나치면 자칫 그 사람과 원수가 될 수도 있다. 특히 인간관계는 작은 오해로 꼬이기 마련이다. 말조심 입조심을 다시 한 번 강조하고 싶다.

내가 가고 싶은 병원은?

요즘은 집 앞에 병원이 수십 개 된다. 그것도 같은 내
과, 정형외과, 치과, 정신의학과, 소아과 등 몇 개씩 있
다. 몇 년전만 해도 병원을 가기 위해 버스를 타고 큰 동
네로 나가야 했지만, 지금은 내과 소아과 정도는 작은
동네도 몇 개씩 있다. 우리 동네는 신도시라 그런지 안
과, 정신과, 통증의학과, 외과등 없는 과가 없다. 이러다
보니 늘 고민이다. 몇 개씩 있는 병원에서 어디로 가야

나는 간호사입니다

하나? 생각한다. 사실 맘 카페만 봐도 어디 병원이 소문이 좋고 나쁜지 답은 나와 있다. 말 많은 사람들 사이에서 평가 아닌 평가가 그리 달갑지 않지만 한 번씩 참고는 할만 했다. 물론 그 사람 주관적인 평가라는 걸 고려하면서 본다. 그렇게 소문대로 찾아가 보면 평가 한 거와 달리 별로네..라는 생각을 할 때가 많다. 맘 카페 올린 사람이 이 병원 관계자일수도 있겠다는 생각까지 든다. 그래서 나만의 기준을 세웠다. 그 병원에 가기 전에 홈페이지에서 그 의사의 약력과 전공분야를 보고 간다. 이왕 가는 거라면 아픈 곳의 전문의에게 가는 게 나을 거란 생각이다. 최근에 갑상선 정기검진 차 내분비내과 전문의를 찾았지만 아쉽게도 소화기 내과, 담췌장 내과 전문의만 있었다. 내분비 내과 전문의는 아니지만 나름 괜찮다는 내과에 방문했다. 부부가 운영하는 곳인데 한분은 소화기 내과 한분은 가정의학과였다. 가정의학과 의사는 나에게 고향이 전라도냐며 사투리에서 구

수한 어감이 느껴진다며 웃음을 지었다. 갑상전 기능 저하증으로 약을 먹는 중인데 요즘 피곤하고 무기력해서 수액을 맞고 싶다고 말했다. 의사는 상냥하게 웃으며 초음파도 해볼까요? 피검사도 할까요? 라고 물었고 나는 최근 한달 전에 했는데 괜찮았다고 설명했다. 의사 입장에서는 충분히 검사를 권할 수도 있겠다는 생각이 들었다. 사실 초음파 비용과 피검사 비용만 해도 몇 만원이 후딱 나간다는 걸 알기에 수액만 놔달라고 요청했다. 의사는 힘나는 수액을 놔주겠다며 여자로서 그리고 엄마로서 나를 따뜻하게 위로해줬다. 그렇게 수액실로 향했고 안 보이는 혈관을 3번씩 찔러 가며 겨우 수액을 맞을 수 있었다. 사실 맞은 후에도 혈관통 으로 잠을 잘 수가 없었다. 겨우겨우 다 맞은 후 주사바늘을 빼내는데 너무 홀가분했다. 사실 수액이 이렇게 아플 줄 알았다면 그냥 약만 타 갔을 텐데 하고 후회했다. 그 후 계산을 하는데 수액값이 6만원이 나왔다. 순간 포도당에

비타민 섞는다고 설명하던데 왜 이렇게 비싸지? 포도 당이 몇 천원하고 비타민 주사도 고작 해봐야 천 원 정도 일거 같은데... 상세 영수증까지 뽑아달라고 한 후 자세히 보니 포도당 주사값2만원에 그 안에 섞은 주사약이 3만원이었다. 나머지는 처치료와 바늘값이었다. 순간 와...비싸다..라고 생각했고 계산 후 집으로 돌아와 후회했다. 이럴 줄 알았다면 곰탕이나 한 그릇 먹을 걸 하고 말이다. 주사 맞는 내내 팔도 아팠기에 더욱더 후회했다. 그 후 맘카페에 이병원에 대해 누군가 평을 해놨다. 다른 곳보다 비싸다고 말이다. 그리고 그 여자 의사분이 답글을 달았다. 우리 병원은 일부러 비싸게 받지 않는다. 정해진 금액 그대로 받는다. 오해 없으시길 바란다고 말이다. 나 역시 비싸다는 생각이 들었기에 그 글이 더욱더 눈에 들어왔다. 물론 의사는 친절했다. 같은 여자라서 ,그리고 엄마라서 공감도 잘해주고 이야기도 잘 들어주었다. 다만 가격이 조금 저렴했더라면 좋았을텐데 아쉬웠다. 일부러 비싸게 받지 않았겠지만 가볍게 포도당 주사 하나 맞기 위해갔는데 설명도 없이 영양제를 섞어서 6만원을 받는 건 조금 아니라는 생각이 들었다. 물론 그 의사 입장에서는 힘나는 주사라고 설명했다고 할지도 모르겠다. 요즘은 차별화의 시대다. 우리 병원만의 강점이 있어야 한다. 비슷비슷한 병원에서 뭔가 차별화 되는 뭔가가 있어야 환자들이 찾는다. 형식적인 인사와 불친절한 태도, 돈벌이로 환자를 생각하는 곳은 오래 못 버틴다. 병원이 문을 닫는다고? 폐업? 설마 설마 하지만 요즘은 정말 그렇다. 모든 병원이 다 잘되는 것은 아니다. 야간 진료 까지 한다고 홍보하는 집 앞 병원 역시 최근에 폐업했다. 폐업 전, 지인의 아이가 콧구멍으로 작은 구슬을 넣어서 부랴부랴 밤에 이 병원을 찾았단다. 야간 진료까지 하는 병원이 있어서 다행이라며 한시름 놓을 때 의사는 콧구멍에 구슬을 빼기 위해 안간힘을 쓰고 있었다. 아이가 몸부림을 치며 울자 의사는 화를 내며 "가만히 좀 있어! 움직이지 말라고!" 소리쳤다. 간호사도 "가만히 있어." 라고 소리쳤다. 이런 광경을 보고 지인은 처음 오픈했을 때는 엄청 친절하게 아이들을 달래며 진료하던데 지금은 아이에게 화를 내며 진료하는 모습에 실망했단다. 의사의 태도에 기분이 나쁜 지인은 두 번 다시 이 병원에 안 갈 거라며 그날의 실망감에 울분을 토했다. 물론 아이가 우니깐 진료를 보기 힘들었겠지만 그날 의사의 태도는 너무 화가 났다고 했다. 다른 지인 역시 야간에 방문했는데 처음과 달리 불친절했다면서 두 번 다시 안가고 싶다고 했다. 그 병원은 지금 폐업했다. 의사도 사람이라서 모든 사람에게 친절할 순 없다. 아이가 움직이면 화가 날 수도 있고, 아이의 울음소리가 듣기 싫을 수도 있다. 다만 의료인으로서 최선을 다해서 진료를 했어야 했다. 많은 환자가 찾는 병원으로 만들기 위해서 말이다. 1프로의 차별화를 만들어야 성공하는 시대다. 환자들이 찾는 병원은 1%의 감동이 있었기에 가는 것이다. 당신은 환자에게 1프로의 감동을 주고 있는가?

내 진료비 내고 5초면 끝?

나는 오래된 지병으로 인해 한 달에 한 번씩 주기적으로 병원검진을 받는다. 초음파, 피검사는 기본이고 추가적인 검사도 가끔 한 번씩 한다. 오늘은 정기 검진 날이라 아침부터 분주했다. 10시 예약이라고 하더라도 가는 데 걸리는 시간 1시간, 가서 기다리는 시간 1시간이다. 진료 보고 검사 몇 가지하면 하루의 시간이 후딱 지나간다. 도시에 사는 나는 교통편이 편리해서 그나마 다행이지만 시골에서 첫차 타고 오는 사람들의 경우는 더하다. 한 번 병원 방문하기가 보통 힘들다는 걸 공감한다. 나 역시 내과 외래에서 일하면서 새벽차 타고 왔다며 빨리 해달라는 어르신들의 목소리를 한 두 번 들은 게 아니었다. 당시에는 대수롭지 않게 생각했지만 막상 내가 다녀보니 그분들의 심정이 이해가 갔다. 새벽에 일어나서 아침도 굶은 채 부랴부랴 고속터미널에 가서 아픈 몸을 싣고 병원에 도착하기 까지 얼마나 수고스러웠을까? 안 해 본 사람은 알지 못한다. 떡 한 조각으로 병원 대기실에서 아침을 대충 때우는 어르신을 볼 때면 마음이 쓰라린다. 꼭 내 부모님과 같아서 말이다.

부모님 역시 지긋지긋한 병원을 한 달에 한 번씩 가는 중이다. 아픈 엄마는 지금도 병원이라면 그냥 죽는다고 말한다. 젊은 시절을 병원에서 있었으니 그 마음 또한 이해가 된다. 멀리 사는 나는 엄마에게 늘 전화해서 약은 잘 챙겨먹는지 피검사는 잘하는지 묻는다. 엄마는 병원 싫다면서 아버지에게 약만 타오라고 시킨다고 했다. 이럴 때마다 멀리 사는 나는 마음이 아프다. 아프지 말고 곁에만 있어주라고..한 번씩 울부짖는다. 다른 엄마처럼 반찬을 해달라는 것도 아니고 육아를 도와달라는 것도 아니다. 아니, 그럴 수도 없다. 한 번씩 동네 엄마들이 "친정 엄마가 최고에요. 반찬도 보내주고 맛있는 밥도 사줬어요."라며 자랑 할 때마다 나는 슬프다. 그리고 부럽다. 아이 셋을 육아하고 워킹맘으로 꼭 두 새벽부터 일어나서 사는 세월동안 한 번도 게으름을 피우지 않았다. 아니, 이 악물고 살아야만 했다. 남들과 다른 환경에 살아남기 위해서 말이다. 그래서 나는 결핍과 아픔이 있는 사람의 마음을 공감한다. 새벽부터 몸을 싣고 오는 어르신들, 남들보다 세상 풍파를 겪은 사람들, 밥도 굶으며 사람의 생명을 살리는 의료인들 그런 사람들을 존경한다.

그렇게 외래 진료를 보기 위해 아침부터 분주히 서둘

렀지만 막상 교수의 진료는 5초면 끝이다. "약 먹고 괜찮죠? 오늘 검사 해놓고 가세요." 끝이다. 5초도 채 안될 때도 있다. 새벽부터 온 어르신들은 의자에 앉자마자 일어나는 경우도 있다. 이런 의사들의 태도는 눈살을 찌푸리게 만든다. 어르신들이 의자에 앉아서 그동안의 자신의 상태에 대해 자세히 얘기하려는데 의사는 급하다. 뒤에 밀려 있는 환자로 신속하게 빨리 진료를 봐야 하기 때문이다. 어르신들은 자신이 하고 싶은 말의 반도 못하고 일어난다. 그런 모습이 한 번씩 애처롭다. 자신의 아픔을 어루만져주기를 바라면서 이야기 했을텐데 말이다. 손이라도 잡아주고 눈이라도 한 번 봐주고 웃음이라도 한번 지어주는 게 어려운가? 뭔가 질문하면 "밖에서 간호사가 도와줄 거예요." 결론은 빨리 의자에서 일어나라는 신호를 보낸다. 환자가 되어보니 그들이 이해가 됐다. 내 돈 주고 진료 보고 교수 특진비라고 3만 원 가까이를 내는데 진료는 5초면 땡이다. 과연 그들의 몸값은 그렇게 비싸단 말인가? 그 자리까지 올라가기 위해 부단히 애쓴 노력의 값이란 말인가? 물어볼 말조차 꺼내지 못한 채 오늘도 5초 컷으로 진료를 끝내고 임상병리과에 가서 피검사를 하고, 방사선과에 가서 검사를 했다. 기다리는 시간만 몇 시간이다. 돌아오는 차창 밖에서 생각했다. 아프다는 건 참 서럽다고 말이다. 안 아프고 살 수 있다면 얼마나 좋을까? "늙으면 죽어야지."라는 어르신들의 심정이 이해가 되었다. 진료비는 비싸고 돈이 없으면 말 그대로 죽음밖에 답이 없다. 진정한 의료인의 따뜻한 손길이 그리운 밤이다.

최근 아이들의 치과 검진차 병원에 방문했다. 학교에서 지정해준 치과라서 선택의 여지가 없다. 예약은 안 된다고 해서 아침 일찍 가서 기다렸다. 다른 치료는 예약이 되는데 학교 검진은 오는 순서내로 예약 환자 중간중간에 들어간다고 했다. 가장 먼저 병원에 도착했으나 예약 환자로 인해 30분가량 기다려야만 했다. 예약환자

우선이라는 생각이 들었다. 이 병원의 규칙이라니 할 말은 없었지만 그 다음 예약환자가 또 들어가고 그렇게 40분가량 기다릴 때쯤 슬슬 짜증이 났다. 예약환자가 계속 오면 우리는 계속 기다려야 하나? 그 순간 아이의 이름이 호명되었고, 드디어 진료실에 들어가게 되었다. 간호사는 무뚝뚝한 표정으로 여기에 누우라고 했고 얼떨떨한 아이는 나를 한 번 쳐다보았다. 나는 얼른 누우라고 지시했고, 행여나 느릿느릿한 아이의 행동으로 또 진료가 뒤로 밀려날까봐 손가락으로 빨리 빨리를 외쳤다. 그렇게 의사가 와서 사무적으로 간호사에게 G7 G8 몇 번을 말하더니 바로 다음 환자를 보러 갔다. 순간 충치가 많다는 건가? 의사에게 물어보고 싶었으나 간호사는 밖에서 기다리라고 했다. 그렇게 3초 컷으로 끝이었다. 의사의 설명이 아닌 간호사의 설명을 듣고 충치 치료를 할 거면 다시 접수를 하면 된다고 했다. 순간 뭐지? 간호사에게 충치 4개라는 설명을 듣고 끝이었다. 의사는 3초컷으로 입안만 대충 보고 나머진 다시 접수

하고 진료를 보라는 말이었다. 결론은 돈을 내고 진료를 봐야 꼼꼼히 봐준다? 뭐 이런 식이었다. 학교 검진이라 대충 본 건가?

그 후 다른 병원에 다시 방문했고, 의사는 충치 2개라며 아이의 입안을 나에게 자세히 보여준 후 설명을 해주었다. 순간 뭐야? 의사마다 충치 보는 기준이 다른 거야? 이 병원 의사는 아이의 입안을 직접 와서 보라며 자세히 설명까지 해주었다. 앞의 검진병원도 내 돈 주고 진료를 봤다면 달랐을까? 돈벌이로 환자를 생각하는 건가? 왜 아이학교는 이런 병원을 검진병원으로 협약했을까? 3초도 안 되서 진료 끝. 설명은 간호사가 그리고 충치 치료할 거면 다시 접수하고 아니면 그냥 가라 뭐 이런 식이었다. 두 번 다시 이 병원은 가지 않기로 했다. 충치도 4개씩이나 있다고 설명하더니 다른 병원은 2개만 치료하면 된다고 했으니 더욱더 신뢰가 무너졌다. 의사와 환자 사이에 가장 중요한 게 신뢰인데 말이다.

나는 간호사입니다

국가에서 해주는 무료검진 역시 3초컷으로 설명 듣고 끝이다. 작성할 문진표는 어찌나 많은지 이것저것 설명해주는 간호사의 말도 반밖에 알아듣지 못했다. 특히나 예민한 부인과 암 검진의 경우는 얼마나 수치스러운지 모른다. 하루에 몇 백명씩 보는 사람들이라 대수롭지 않게 생각하지만 환자 입장에서는 쑥스럽고, 어떻게 해야 하나 안절부절 못한다. 이런 상황에서 직원들은 기계적으로 말한다. "옷 갈아입고 나오시고 여기에 발 올리고 누우세요. 아래로 내려오세요. 검진 시작합니다." 끝이다. 뭔가 기계적으로 빨리 빨리 움직여야 한다. 검진도 하고 싶지 않은 이유 중 하나다. 무료라고 하지만 왠지 하기 싫다. 환자는 존중받아 마땅한 사람이다. 그리고 무엇보다 의사의 3초컷의 진료는 무성의함을 나타내는 징표일 뿐이다. 조금은 정성스럽게 조금은 배려있게 조금은 조심스럽게 환자를 바라보고 진료했으면 좋겠다.

진정한 의료인의 손길을 느끼고 싶다

진정한 의료인이란 어떤 사람일까? 왜 나는 의료인이 되었을까? 잠시 생각에 잠겼다. 어릴 적 엄마의 병환으로 병원에서 생활하다시피 한 나의 유년시절을 돌이켜 보면 병원에 갈 때마다 웃어주던 의사들과 간호사들을 쉽게 볼 수 있었다. 따뜻하게 말을 건네고 빵 한 조각이라도 나눠주던 그때의 의료진들의 모습이 한 번씩 기억난다. 엄마의 손을 잡고선 한참을 뭐라 뭐라 이야기해주던 주치의들, 병원 스테이션을 지나가면 나를 불러주던 간호사들, 병원은 내 놀이터이자 즐거운 곳이었다. 당시 병원 식구들은 나를 꼬마 숙녀라며 장난을 걸었고, 나 역시 엄마와 함께 있을 수만 있다면 어디든지 괜찮다고 생각했다.

세월이 흘러 언니의 병환으로 중환자실에서 간호하면서 또 몇 명의 따뜻한 주치의를 만났다. 밤새 기관삽관술을(당시 언니 목에 맞는 사이즈가 없어서) 직접 만들고, 밤새 연구하던 진정한 의료인을 보았다. 그 의사는 세월이 흘러서 그 때를 이렇게 기억했다. 그 당시 정말 열심히 공부했다. 최선을 다한 시간이었다. 그 의사는 지금 광주의 작은 개인병원을 개업했다.

진정한 의료인의 손길을 느꼈던 건 최근에 쓰러졌던 아버지의 항문외과 교수였다. 장기간 중환자실에 있다 보니 장 폐색이 생긴 건지 대변을 보지 못해 아버지는 힘들어 했다. 관장을 몇 번이나 시도했지만 실패였다. 배에 가스도 차고 배 속이 불편하니 식사도 드시지 않앴고 차라리 죽게 해달라고 했다. 그 모습을 지켜본 나는 마음이 너무 아팠다. 아버지의 주치의는 관장해도 안 되는걸 어떡하냐며 오히려 나를 이상한 보호자 취급했다. 식사도 못 드시고 배는 빵빵하게 부어올랐는데도 기다리라는 의사가 야속했다. 그렇게 며칠을 고통 속에 시간을 보낸 후 항문외과로 아버지를 모시고 갔다. 이쪽 분야의 권위자이니 어떻게든 하겠지라는 간절한 생각으로 말이다. 항문외과 교수는 아버지의 상태를 보더니 대변이 너무 차서 밀고 나오지를 못한다면서 수지관장을 해야 한다고 했다.(손가락으로 넣어서 파는 것인데 모든 의사들이 꺼려 한다. 아마도 중환자실에서 해줬다면 조금 나았을지 모르겠지만 해주는 사람이 없었다. 누가 더러운 환자의 똥을 손으로 파낸단 말인가? 그 마음은 충분히 이해하나 당시 아버지의 상태는 심각했다.

　교수는 아버지에게 편안하게 옆으로 있으라고 설

명한 후 고약한 냄새를 참아가며 수지관장을 실시했다. 그 모습을 본 나는 그날 그 병원에서 봐왔던 냉정한 교수, 바쁘다며 코빼기도 안 보인 주치의, 기다리라고 말만 한 간호사들의 모습들이 스쳐지나갔다. "관장 좀 해주세요." 매달려도 기다려라, 아버지가 식사를 못하시잖아요. 해도 기다려라. 무조건 기다려라였다. 공부만 잘해서 의사되면 다냐? 라고 말할 뻔했다. 진정한 의료라는 건 이런 게 아닐까? 수지관장을 해서라도 환자를 살려야겠다는 프로의식. 환자의 고통을 최소화해야겠다는 따뜻한 마음, 역겨움을 참아내서라도 환자에게 진정한 의료를 행한 의료인이다. 그 누구도 수지관장은 하기 싫다. 방법이 없는 게 아니라 하기 싫고 더러워서 안 한 거다. 관장 시린지로 글리세린만 넣고 "몇 분 기다리세요." 이게 전부였다. 안 나오는데요 라고 몇 번을 말했지만 그 다음의 대답은 똑같다. "어쩔 수 없어요. 대변이 없나봐요. 아니면 못 참아서 안 나왔나봐요." 배가 부풀어 오르고, 식사를 못할 정도 인데도 누구 한 명 수지 관장에 대해 말하지 않았다. 더 럽고 역겹고 본인이 하기 싫으니깐 말이다. 항문외과 교수가 그 일을 해냈다. 진정한 의료인 한 명을 본 순간 나는 감격의 눈물을 흘렸다.

그 후에도 항문외과 교수는 몇 번 더 오라고 했고, 수 지관장도 몇 번 더 했다. 환자 본인도 힘들지만, 그걸 하 는 교수도 정말 힘들 거라는 생각이 들었다.

그래도 힘든 내색 하지 않고 본인의 업무만 묵묵 히 하는 그 의사의 모습을 보면서 나는 진정한 의료 인의 모습을 보았다. 아니, 환자 한 명을 살리는 모 습을 보았다. 자신의 분야에서 할 수 있는 최선을 다 한 것이다. 그 후 아버지는 조금씩 식사를 했고 멈추 었던 장 기능도 다시 조금씩 회복이 되었다. 그 교수 를 만나지 않았다면 아버지는 어떻게 됐을까? 생각 만 해도 슬프다. 사실 나 역시 응급실에 있을 때 수 지 관장을 의사들이 꺼려한다는 걸 직접 경험했다.

"대변 잘 나오는 약 드릴께요." 아니면 관장(글리세린 넣어서 15분 참으세요) 이 최선이었다. 우리도 사람인데 더러운데 위험한데 하기 싫은데 라는 온갖 핑계를 대면서 피하기에 급급했다.

이 시대에 우리는 진정한 의료인에 대해 생각해 봐야 한다. 요즘은 진정한 의료인을 만난다는 건 하늘에 별 따기다. 사람 냄새 나는 진정한 의료인을 만나고 싶다. 권위자라는 사람은 자신을 드러내기 바쁘고, 교수라는 사람은 학회 가기 바쁘고, 주치의라는 사람은 쉬는 시간 없이 바쁘다며 짜증을 내고, 간호사들은 일하기 싫다며 툴툴댄다. 그런 의료인들 사이에서 환자는 아프다는 죄목으로 약자가 될 수밖에 없다. '최선을 다해주세요.'라는 말밖에 할 말이 없다. 그들은 알까? 새벽 첫차에 몸을 싣고 진료를 보기 위해 달려온다는 것을. 초조하게 기다리는 보호자의 마음을, 지푸라기라도 잡아야 하는 마음을. 그놈의 학회라는 말로 모든 걸 숨기는 의료인보단 응급환자가 있다면 멀리서라도 달려오는 의료인이 진정한 승자가 아닐까? 주말에 학회를 간 건 사실일까? 나는 아직도 궁금하다. 학회 가서 그들이 배워온 게 무엇일까? 응급시술을 나중에 해도 된다는 걸 배운 걸까? 진정한 의료인이란 내가 할 수 있는 모든 능력을 아낌없이 발휘하는 거라 생각한다. 밤에 응급환자가 있으면 내가 힘들더라도 나와서 한 생명을 살려야 하고, 내 도움을 필요로 하는 곳에 나를 아낌없이 던질 줄 알아야 한다. 그런 사람이 의료인이 되어야 한다.

며칠 후 항문외과 교수님에게 감사의 편지와 커피를 건넸다. 교수는 자기가 할 수 있는 일을 당연히 한 거라며 웃었다. 나는 그 교수에게 말했다. 감동이라고 말이다. 다들 못한다고 했을 때 그 교수는 의사 가운을 벗고 손을 걷어 부치고 장갑을 낀 채 해냈다. 진료실 안에 악취가 퍼져도 창문을 열고 묵묵히 자기 할 일을 했다. 그 교수는 이 시대의 진정한 의료인임이 확실했다. 진정한 의료인의 손길이 그리운 요즘이다.

제4장
이제는 바뀌어야 한다

태움 문화는 노땅이나 하는 습관

'출근하기 정말 싫어요. 오늘도 가면 태움 당할 텐데. 차라리 죽어버리고 싶어요.'

SNS에 올라온 글이다. 출근 시간만 다가오면 심장이 터져버릴 것 같다던 내 후배 역시 1년만 버티자며 혼자 긴 밤을 견디고 있다. 애써 힘들게 입사한 병원이지만 이 병원에 계속 다니디긴 징신병으로 죽을 거 같다고 했다. 1년만 버티고 퇴직금으로 다른 길을 가겠다는 후배의 이야기를 들으며 태움 문화가 생각보다 심각하다는 걸 알 수 있었다. 아니 절대 사라지지 않을 것이라는 불안감이 감돌았다. 군대조직 문화보다도 더 끔직한 서열사회에서 실수 하나라도 하면 막말에 인격모욕까지 당한다. 생명을 다루는 현장이라서 어쩔 수 없다는 현장의 분위기도 있지만 이 또한 자기들의 합리화일 뿐이다. 물론 환자의 생명과 직결된 실수는 해서는 절대 안 된다. 다만 내가 하고 싶은 말은 인성이 안 된 사람이 되지는 말자는 말이다. 선배한테 받은 걸 그대로 후배에게 돌려주듯 똑같이 막말하고 나무라는 것은 그 후배가 잘 되라고 하는 것이 아니다. 그냥 태움 문화에 익숙한 환경 탓일 뿐이다. 절대 자기는 아니라고 말하지만 누군가는 그 사람 때문에 엄청 힘들어한다는 걸 알아야 한다.

내 후배 역시 퇴사 후 다른 길로 갔다. 사무직일지라도 간호사보다 훨씬 낫다고 말하는 후배는 지금도 병원의 대한 기억이 좋지 않다. 아니, 돌아가고 싶지 않다고 했다. 사무직은 태움도 없고 모르는 게 있으면 조곤조곤 알려주고 무엇보다 정시에 퇴근해서 몸도 마음도 튼튼해진 것 같다고 했다. 병원 다닐 때는 하루가 악몽에 정신과 진료까지 받았다는 후배는 두 번 다시 간호사 생활 안 할 거라면서 치를 떨었다. 간호사들이 보는 SNS에도 이런 글도 있다. 차라리 공장가서 일하는 게 훨씬 나아요. 월급도 많고 단순 작업에 스트레스도 없어요. 답글에는 이런 글이 달렸다. 그래도 간호학과 나와서 아깝잖아요. 미래를 생각하셔야죠. 글쓴이는 이런 글을 달았다. 죽고 싶은데 내 미래가 어디 있나요? 공장에서 일하는 지금이 훨씬 마음도 편하고 좋아요. 관리직으로 승진할 수도 있구요. 씁쓸한 현실이다. 원하는 대학에 가서 열심히 공부해서 간호사가 되었지만 막상 현장에 나가보니 전쟁터였다. 환자를 돌보는 것은 어떻게든 하겠지만 사람에 대한 스트레스, 선배들의 막말, 수간호사의 히스테리, 의사들의 지시형 말투, 타과 선생님들의 공격적인 말들로 하루하루 버티기가 무척 힘들다. 앞으로 더 버틸 수 있을까? 사직서를 던질 용기도 없다. 신규 간호사때 내가 쓴 일기장의 한 부분이다. 나 역시도 그 당시 몹시 괴로웠다. 아니 이렇게까지 일을 해야 하나 싶었다. 첫 직장에서 선임의 눈에 들기 위해 최선을 다했다. 어김없이 야단을 맞고 돌아서서 일을 하는데 억울했다. 내가 잃어버린 것도 아닌데 선임은 찾아내라며 고래고래 소리를 질렀다. "제대로 확인했어야지 뭐했어?" 이 말만 몇 번을 들었다. 폴대가 없어져서 병원 전체를 확인하느라 퇴근도 못했던 기억, 인계 때 선임이 내 뒷담화를 서슴없이 해대는 기억, 화장실도 못가서 생리대를 갈지도 못했던 기억, 눈물로 밤을 지새우는 기억 등은 내 기억 저편에 아직도 남아 있다. 어떻게든 버텨보고 버텨보지만 사실 간호사들의 태움 문화는 절대 사라지지 않는다. 한명이 괜찮으면 다른 한명이 이상하고 그러다 보니 자연스레 부정적인 환경으로 금방 물들었다. 일이 힘든 게 나은가? 사람이 힘든 게 나은가? 일이 힘든 건 어떻게든 참지만 사람이 힘든 건 절대 못 참는다. 일하는 사람들이 어떤가? 직장생활의 가장 중요 요소인건 틀림없다. 누군가가 부정적인 에너지를 내뿜으면 자연스레 물드는 건 시간문제다. 또한 부정적인 환경에서 일하면 금세 모든 사람들이 부정적으로 물든다. 나 역시 응급실에서 일할 때 일은 힘들었지만 나름 보람도 있었고 공부도 많이 했다. 몇몇 선배들이 병원의 단점을 한 두 개씩 꼬집고, 월급이 너무 작다며 불만불평을 하자 훗날 나머지 선생님들도 힘들고 열악하다며 불만불평을 해댔다. 분명 처음에는 괜찮았는데 몇몇 사람들 때문에 서서히 물든 것이다. 그리고 인계때 마다 앉아서 불만불평을 해대기 시작했다. 수간호사가 없을 때는 더욱더 수위를 높이며 집단으로 사직서를 내자고 했다. 당시 신규였던 나는 주위 환경의 중요성을 체감하며 묵묵히 일을 했다. 그리고 며칠 후 몇몇 선생님은 퇴사를 했다. 왜 사람이 긍정적인 사람들 옆에 있어야 하는지 눈으로 직접 본 경험이었다. 그런데 아쉽게도 병원이라는 조직문화는 대부분 부정적인 사람들이 많다. 아니, 그렇게 사람을 만든다. 라떼는 말이야~로 시작해서 너도 당해봐~ 이런 심보다. 그러니 변함이 없다. 내 소신대로 나는 태움을 당했어도 이런 문화가 정말 싫다. '너희들은 서로 화합하고 긍정적으로 잘 일해라.' 라고 말해주는 선배가 있다면 얼마나 좋을까? 이런 선배를 직장생활 20년 동안 한명도 만나지 못했다. 늘 불평불만, 아니면 남 뒷담화, 아니면 태움 문화만 즐비한 곳에 다녔다. 아니, 그런 곳이 대부분이다. 왜 병원 문화는 이럴까? 안타깝다. 1년만 연차가 높으면 잡아먹을 기세로 달려들고, 경력이 오래된 사람들은 목에 깁스하며 컴퓨터 모니터 앞에만 앉아 있고, 완장 하나 채워주면 뭔가 사람이 변하는 그런 문화가 병원 문화다.

바뀌어야 한다. 이제는 더 이상 똑같은 문화에 물들어서 똑같은 사람이 되지 않기를 바래본다. 언젠가는 떠나야 할 똑같은 노동자의 삶을 살면서 왜 다들 잡아먹으려고 안달인지 모르겠다. 너도 나도 힘들게 하루를 견디며 사는데 말이다.

죽지 않는 한 병원은 안 가고 싶다

병원과의 인연이 많다보니 나는 병원에 대한 이야기만 나와도 고개를 절레절레 흔든다. 모든 사람들이 아픔 하나씩은 가슴에 안고 산다. 아니, 여러 개 안고 사는 사람도 많겠지. 나 역시 한 번씩 과거의 아픔이 밀려온다.

최근 아버지의 병환으로 중환자실 앞에서 72시간을 밤새우면서 느꼈던 고통은 지금도 밤마다 두려움에 떨게 만든다. 평범한 하루가 나에게는 며칠 동안 힘든 고

통이었다. 잠 못 이루며 지켜야만 하는 중환자실 앞 의
자에서 말이다. 두려움에 떨던 그날의 나를 보며 인간
의 연약함을 느낄 수 있었다. 아무것도 할 수 없음에 아
니, 죽음이라는 그림자 앞에서 인간은 약해진다는 사실
을 말이다. 나는 간호사라는 직업을 갖고 있지만 병원
이 정말 싫다. 다른 길을 택하지 못해 20년 가까이 병원
에서 일을 하고 있지만 병원이라는 환경과 사람들이 정
말 싫다. 그래서 아파도 혼자서 앓던지 약국에 가서 약
사먹는 걸로 대신한다. 병원만 가면 설명할 수 없는 냉
기가 흐른다. 아니, 못된 인간들이 잡아먹을 기세로 덤
벼든다. 환자를 돈벌이의 수단으로 보는 것부터 시작해
서 차가운 말투와 냉정한 눈빛들이 싫다. 나만 병원이
싫겠는가? 대부분 사람들이 싫지만 갈 수밖에 없는 곳
이라는 건 잘 안다. 아이들 데리고 나니는 병원만 손가
락으로 세도 몇 군데 이상은 된다. 그나마 동네 병원은
대학병원이나 종합병원과 달리 조금은 편안하지만 최
대한 안 가고 싶다. 그들도 사람이기에 많은 환자를 상

나는 간호사입니다

대하다보면 지치기도 하고 짜증도 날 것이다. 충분히 이해한다. 그래도 나는 의료인이라면 달라야 한다고 생각한다. 아픈 환자에게만은 따뜻하게 대할 줄 아는 작은 예의를 갖춰야 한다고 말이다. 집 앞 병원에 갈 때마다 인상이 찌푸려진다. 늘 커피를 빨대로 빨아먹고 있고 사무적으로 말하는 말투, 잡담하며 일하는 태도 등을 보면서 의료인이 왜 됐을까? 생각해봤다. 취업이 잘돼서? 아니면 쉬워 보여서? 아니면 돈을 잘 벌어서? 이왕 의료인이 되었으면 의료인답게 조금은 친절하고 조금은 웃고 조금은 따뜻하면 안 될까? 군인인 남편을 따라 나는 전국을 돌며 이사를 해야만 했다. 적응할 만 하면 이사를 하고 또 적응할 만 하면 이사를 갔다. 그러다 보니 수간호사, 아니 간호부장이라는 타이틀을 달 수도 없었고 달 욕심도 없었다. 그렇게 이사를 하면서 다녔던 병원들은 하나같이 똑같았다. 변하지 않는 태움문화 변하지 않는 불친절함 변하지 않는 냉정함으로 여전했다. 병원에 지칠대로 지쳐갈 무렵, 나는 병원이 아닌 복지관으로 취업을 했다. 처음해보는 일이라 낯설고 긴장도 됐지만 여러 어르신을 만나면서 인생에 대해 배우게 되었다. 치매 어르신들, 죽음을 앞둔 어르신들의 삶을 보면서 인생이 참 허무하다고 느꼈다. 과거에는 잘나갔던 어르신들, 대기업 이사까지 한 어르신들, 사업으로 승승장구하는 어르신들이 지금은 치매로 아무것도 기억을 못한다. 그런 치매 어르신들은 나를 보며 늘 "인생 별 것 없어. 쉽게 쉽게 가볍게 살아. 욕심내지 말고 남에게 좋은 일 하면서 말이야." 라고 말한다. 치매를 앓는 어르신도 이왕 살 거면 남에게 좋은 일 하면서 웃으면서 살다 가라고 말한다. '인생 별 것 없어.' 라는 말을 들을 때마다 나는 눈물이 난다. 우리는 악착같이 남의 것을 빼앗고, 남보다 높은 자리에 오르고, 남보다 더 인정받기 위해 치열하게 산다. 그렇게 살면 훗날 뭐가 남을까? 인생 별거 없어. 그 말이 맞는 말이다. 그러니 오늘 내가 최선을 다하며 사는 게 정답인 것이다. 직장에서 최선을 다하고, 환자들에게 최선을 다하고, 동료에게

나는 간호사입니다

선배에게 후배에게 최선을 다하면 되는 것이다. 힘들어 하는 동료의 어깨를 토닥여주고 아픈 환자의 손을 어루만져주고 후배를 잘 이끌어주는 선배가 있다면 얼마나 좋을까? 그런 조직은 절대 무너지지 않는다. 힘들어도 손잡고 끝까지 간다. 인생이 뭐라고 그렇게 잡아먹으려고 난리인지 도대체 모르겠다.

죽음을 앞둔 노인들을 볼 때면 늘 생각한다. 인생 너무 많은걸 쥐려고 하지 말자고 말이다. 떠나면 다 놓아야 하는 것들 뿐 이다. 오늘도 한 어르신이 다리 통증으로 힘들어 하셔서 병원가자고 했더니 괜찮다고 했다. 진통제로 버티겠다면서 병원에 가는 게 제일 싫다고 했다. 누구나 병원은 가기 싫은 곳이다. 아프면 가야하기에 우리는 늘 약한 존재로 살아간다. 그러기에 용기를 내서 가는 병원이라는 걸 알고 모든 의료인들이 환자에게 최선을 다하기를 바란다.

따뜻한 눈빛과 따뜻한 손길이 그리운 요즘이다.

서열보다 중요한 건 인성

이직을 하면 제일 먼저 묻는 건 몇 년차? 물론 중요하다. 경력이 몇 년 있느냐에 따라 서열이 바뀌는 조직 문화다. 이직이 힘든 이유 중 하나는 새로운 조직에 또 흡수되기 위해 몇 달 아니 몇 년은 고생할 각오를 해야 하기 때문이다. 나 역시 몇 번의 이직을 할 때마다 나이 어린 간호사의 한마디 한마디로 상처를 받았다. 지시하며 훈계하는 말투를 감당하기가 힘들었다. 물론 각오하고 이직했다. 나보다 더 먼저 왔다는 이유로 이런다는

나는 간호사입니다

걸 잘 안다. 처음 온 간호사를 경계하는 것도 잘 안다. 뭔가 모를 냉기가 감돌면서 차가운 말투로 설명해주며 무시하는 행동들을 많이 봤다. 아니, 이직할 때마다 대부분 그랬다. 먼저 입사한 사람이 마치 분위기를 이끌고, 그 분위기에 들어가기 위해 늘 가면을 써야만 했다. 낯선 환경에서 처음이라는 이유만으로 늘 고개를 숙이며 견뎌야 했다. 이직이 어려운 이유 중 하나다. 경력이 많다고 대우를 해주는 것도 아니다. 그 병원에 다시 입사한 순간 처음부터 배워야 한다.

전국적으로 이사를 다녀본 나로서는 몇 차례 이직을 할 수밖에 없었다. 그때마다 똑같이 느끼는 건 늘 딱딱한 조직문화, 그리고 싸가지 없는 사람들, 깁스하고 다니는 상사들. 감정기복 심한 수간호사들 그 속에서 말없이 1년을 참다가 일이 익숙해질 무렵 몇 마디 부당한 이야기를 했다. 그러면 다들 쟤 뭐야? 라는 눈으로 쳐다본다. 자신의 룰을 어기면 큰일이라도 나듯이 말이다.

처음이 어렵지 조금 익숙해지면 쉽다. 용기 있게 나서서 말도 하고 인성쓰레기인 사람과 싸움도 하게 된다. 다만 아쉬운 건 너 뭐야? 라며 대드는 토박이들이 많다는 거다. 한 명은 상대하기 쉽지만 여럿은 상대하기 어렵다. 조직 문화에서 서열보다 중요한 건 그 사람의 인성이다. 인성이 된 사람은 남의 의견에 귀를 기울이고 받아들인다. 반면 인성이 안 된 사람은 너가 뭔대? 라며 똘똘 뭉친다. 나 역시 그들에게 의견을 제시했을 때 그랬다. 기존에 있는 멤버끼리 똘똘 뭉쳐서 내 의견은 과감히 무시되었다. 바뀔 수 없는 조직문화에서 회의감을 느꼈다. 몇 번의 사직서를 냈고 새로운 곳으로 이직해도 인성이 안 된 몇몇 사람들 때문에 힘들었다. 서열만 따지는 사람들, 그깟 경력만 내세우며 액팅 일은 눈곱만치 도와줄 생각조차 없는 사람늘, 온갖 애교와 아부로 윗사람을 모시는 사람들 뿐이었다. 변하지 않았다. 병원이라는 문화는 말이다. 10년 전이나 지금이나 똑같

나는 간호사입니다

다. 간호부장이라는 사람도, 수간호사라는 사람도 선배도 후배도 똑같다. 그들 역시 새로운 변화를 시도하기보단 고인물에서 열심히 살아가고 있을 뿐이었다. 인성도 제대로 갖추지 않은 사람이 책임자의 자리에 앉으면 정말 가관이다. 출근해서 자기 입에 들어가는 커피부터 타서 인계를 듣는 사람부터 시작해서 간호과장에게 있는 말 없는 말 다 전하는 걸로 하루를 마무리한다. 결론은 "나 수간호사야." 라는 말로 잘난 체를 시작해서 더 높은 자리에 오르기 위해 아부하는 것으로 하루를 마감한다는 말이다. 나쁜 일은 남 탓하고 좋은 일은 자기 탓하는 책임자를 만나면 답이 없다. 그런 책임자 아래 있으면 배우는 게 하나도 없다. 일도 인성도 꽝인 사람들에게 있으면 내 영혼만 녹슬어간다.

그래서 나 역시 사직서를 가슴에 품고 다녔다. 언제든 던질 자세로 말이다. 물론 인성을 갖춘 책임자를 만나면 다르다. 늘 남을 칭찬하고 모든 책임을 자신이 지는 사람도 있다. 몇 년 전에 만났던 수간호사는 정말 그랬다. 상이 주어지면 늘 자기보다 직원들에게 먼저 주라고 했고, 나쁜 일이 생기면 자신이 다 책임지겠다고 했다. 그 수간호사를 보면서 배운 점이 많았다. 절대 남 말 하지 않고, 비판적이기 보단 따뜻했고, 무엇보다 자신의 지식을 아낌없이 나눠주었다. 밥도 못 먹고 일할 때는 퇴근할 때 카드를 주면서 시원한 음료수 마시고 가라고 했고, 늘 자신의 입에 들어가는 것보다 아랫사람을 먼저 챙겨주었다. 당시 많은 환자를 보면서도 수선생님 덕분에 힘을 냈던 기억이 스쳐지나간다.

진정한 의료인과 함께 일하다 보면 배울 점 뿐 아니라 의료인으로서의 보람도 크다. 힘들어도 서로의 어깨를 두드려주고, 서로 도우며 팀을 생각할줄 알기에 진정한 내 편이 생긴다.

먼저 퇴근하라고 부축이는 수선생님의 말을 뒤로하

나는 간호사입니다

고 끝까지 남아서 함께 일했던 기억이 있다.

환자 입원이 많은 어느 날, 퇴근시간은 다가오고 다음 튜티로 환자가 넘어가면 일이 딜레이 된다는 걸 알기에 수간호사와 오전번 간호사들이 함께 남아서 늦은 오후까지 일했다.

수간호사는 우리들이 힘들까봐 계속 퇴근하라며 우리를 챙겼다. 늘 열심히 일하며 우리의 본보기가 되었던 수선생님을 뒤로하고 퇴근할 수가 없었다.

그렇게 늦은오후까지 남아서 함께 일하고 퇴근했다.

수선생님은 우리에게 고생했다며 한번씩 안아주었다. 늘 모범이 되었기에 우리는 서로 껴안으며 눈물을 흘렸다. 몸은 피곤하고 눈은 감겼지만, 의료인으로서 보람이 컸다.

긍정적인 영향력은 생각보다 오래간다. 그렇게 몇년이 지난 요즘도 한번씩 생각이 난다.

최선을 다하며 늘 우리를 큰 품으로 안아주었던 선생

님이었다.

가장 치열하게 일했던 날이었다.

치열한 한때를 보낸 경험이 누구에게나 있기를 바래
본다.

자부심을 갖자

|

    첫 직장에 취업했을 때는 세상을 다 가진 듯 기뻤다. 열심히 저축도 하고 여행도 다니겠다는 야무진 꿈을 꾸며 첫 직장의 발을 디뎠다. 그러나 현실은 야무진 꿈과 달리 하루하루 불안했다. 상처를 받고 퇴근하는 날에는 잠도 오지 않았고 미래가 막막했다. 그런 불안감을 잠재우는 건 나만의 마법 주문이었다. 간호사라는 떳떳한 자부심을 갖고 간호사 가운을 갈아입고 명찰을 볼 때마다 "할 수 있다." "자신감을 갖자."라며 혼자 파이팅을

외치고 나갔다. 혼자만의 나름 응원이었다. 시간이 갈수록 일도 익숙해지고 자부심도 강해질 거라 믿었는데 내 예상과 빗나갔다. 갈수록 일은 어려웠고 어느덧 나는 자부심이 아니라 회의감만 쌓여갔다. 선배들은 하루가 다르게 왜 이렇게 했냐고 잔소리를 해댔고, 환자들은 빨리 빨리 처치를 안 해준다며 불만을 해댔다. 내 손이 느린건가? 쉬지 않고 일해도 그 듀티안에 일을 끝내기가 쉽지 않았다. 오버 타임까지 하면서 일을 끝내고 나면 온몸에 땀범벅이 되었다. 아침에 외쳤던 할 수 있다는 자부심은 어디론가 사라지고 '나 할 수 있을까?'라는 의문을 안고 버스에 올랐다. 버스 안에서도 내가 했던 일들을 하나하나 생각하며 병원일이 머릿속에서 떠나지 않는다. 정신건강에 최악인줄 알면서도 내 머릿속은 누워서까지 병원 일로 복잡했다. 이 환자 처치는 잘 했나, 오늘은 이런저런 일로 기분이 나쁘고, 내일은 내가 싫어하는 선배랑 근무를 해야 하고 지친다. 간호사의 자부심은 몇 달 가지 못하고 퇴사까지 생각했다.

퇴사한 후 좀 쉬고 싶다. 괜히 정신건강까지 해치면서 일할 필요는 없잖아?

세상은 넓고 갈 곳은 많은데 맞지 않는 일 하느라 병나면 안 되지. 나름 혼자 시나리오를 쓰고 북치고 장구치고 했다. 그렇게 권태기에 사직서를 냈고 면담을 했다. 간호 부장은 힘든 줄 안다. 모든 직장생활이 그렇다. 참고 견디다 보면 훗날 더 성장해 있을 것이라며 나를 붙잡았다. 그렇게 몇 년을 참고 일했지만 자부심 따윈 사라지고 지치고 지친 영혼만 남았다. 싫은 사람들 속에서 나름 생존하기 위해 정말 애썼다는 결론을 내리고 사직서를 던지고 몇 달을 푹 쉬었다. 다른 사람은 어떻게 한 직장에서 20년 이상씩 일을 하지? 그런 사람들은 정말 직장을 사랑한건가? 아니면 꾸역꾸역 견딘 걸까? 내 선배 역시 20년차 수간호사다. 한 직장에서 시작해서 가장 높은 자리까지 올라갔다. 선배는 늘 나에게 어딜 가나 똑같아. 이상한 사람 한 두 명씩은 있어. 그러니 참으라고만 했다. 그래도 한번 사는 인생인데 할 수 있을 때 다양한 일을 해보고 싶어요. 라며 내 자신을 생각했다. 모든 노동자의 삶이 그러지 않을까? 언젠가 교체되는 부속품일 뿐이고, 내가 없어도 잘 굴러가는 조직이다. 그런 곳에서 내 시간을 다 투자해서 싫은 사람과 함께 일하며 견뎌야 한다는 건 정말 괴로운 일이다. 몇 달을 쉬면서 낮아진 나의 자존감도 되찾고 다시 인생의 큰 그림을 그리기 시작했다. 일만 하면서 살기에 인생은 너무 아쉽다. 라는 게 내 생각이다. 내가 좋아하는 취미나 내가 하고 싶은 일에 도전하며 사는 게 직장인으로서 생존 방법이라는 걸 말이다. 일에만 매여 있으면 나처럼 퇴근 후에도 계속 머릿속은 일로 꽉 차서 미쳐버릴꺼만 같다. 제2의 무언가를 찾아야만 했다. 그렇게 나는 책쓰기를 시작했다. 병원에선 사람들에 치이고, 일에 치이다 보면 멘탈을 단단히 붙잡고 있어도 나

나는 간호사입니다

의 자존감은 바닥이다. 그 다음날 똑같은 하루를 견디다 보면 어느 순간 에너지는 방전이 되어 사표를 던지고 만다. 그래서 나는 결론 내렸다. 직장에 목매지 말자고 말이다. 내가 살기 위해서는 제 2의 나만의 다른 무언가를 찾아야 한다는 것을 말이다. 그게 취미가 될 수도 있다. 내 인생 이럴려고 간호사가 되었나? 라는 고민에서 시작했지만 지금은 새벽 5시에 책을 쓰고 글을 쓰면서 나 괜찮은 사람 맞지? 내 인생 헛되게 시간 보내지 않고 열심히 살고 있는 거 맞지? 혼자 위로를 건넨다. 우리의 인생은 자신의 것인데 왜 우리는 직장만 가면 내 인생을 남을 위해 살까? 상사의 눈치를 보고 그 사람의 감정 쓰레기통이 되어주고 정정당당하게 말하지 못하고 말이다. 좋은 게 좋은 거라고 살아온 지난 세월동안 나 역시도 남의 눈치 보느라 정작 내 인생은 늘 방치했다. 지금이라도 다시 한 번 소중한 내 인생을, 아니 불쌍한 내 인생을 안아주고 싶다. 오늘도 새벽 5시 나만의 공간에서 책을 쓰고 있다. 자존감은 내가 만든 거구나. 내 스스로 나에게 부여하는 거구나. 죽어라 일만 했던 지난 과거에서 지금은 책도 쓰고 독서도 하는 사람이라는 생각에 충분히 괜찮은 사람이라고 정의내렸다.

내가 나를 사랑하지 않으면 누가 나를 사랑해줄까?

모든 사람들이 자신을 미워하지 않았으면 좋겠다.

우리는 충분히 잘하고 있고 괜찮은 사람임에 틀림없다.

최선을 다한다는 건

"선생님, 최선을 다해주세요."

보호자였던 내가 입에 달고 살았던 말이다. 최선을 다해주세요. 의료인들은 늘 그랬다. 아시죠? 안 좋은 상태로 오신 거? 아시죠? 위험한거? 수술을 할 때도 시술을 할 때도 보호자에게 받는 동의서의 모든 내용은 병원이 의료에 대한 책임을 지지 않기 위한 문서였다. 이런 시술이나 수술을 하다가 합병증이 발생할 수 있고 사망할 수도 있다. 이런 내용들이다. 보호자는 설명을 들으면서 불안감에 휩싸인다. 결국엔 사인을 할 수밖에 없다. 방법이 없으니 말이다. 지난 몇 년 동안 위험에 빠진 가족들의 수술 및 시술의 동의서에 사인을 했고 늘 "최선을 다해주세요."라고 말했다. 종종 일어나는 의료사고의 책임을 회피하기라도 하듯 동의서의 내용은 무슨 일이 생겨도 의료인들의 책임이 없다. 받아들여라. 나는 여러 번 의사들에게 "마음의 준비를 해라." 라는 소리를 들었다. 그리고 끝까지 "최선을 다해주세요."라며 울부짖었다. 간절한 내 마음을 알기나 할까? 그들에게는 똑같은 환자일 뿐이고 대수롭지 않았겠지만, 보호자가 된 당사자의 심정은 정말 간절했다. "선생님, 선생님. 제발 최선을."이란 말은 나의 첫마디이지 마지막 말이다. 하루 종일 그렇게 애타게 기다리던 교수는 오지도 않고 위험하다는 말만 수차례 듣고 응급시술을 당장 해야 한다는 설명만 들었다. 그런데 아무 조치가 없다.

하루가 가고 이틀이 가도 환자는 중환자실에서 교수 오기만을 기다려야 했다. 3일째 되는 날 교수는 "이 시술한다고 좋아진다는 보장이 없어요." 마치 자신이 안 왔던 이유를 합리화시키기라도 하듯 말했다. "그래도 최선을 다했어야죠."라고 말하고 싶었다. '학회 가서 술마시고 놀고 오는 게 잘한 건 아니잖아요?' 라고 말하고 싶었다. 왜 응급시술을 해야 한다는 말을 쉽게 생각하며 환자의 생명을 뭐처럼 생각하냐는 말이다. 시술을한다고 좋아진다는 보장이 없다. 이 뜻은 그래서 늦게 시술해도 된다. 1%의 지푸라기라도 잡고 싶은 보호자의 심정을 모른다. 아니, 환자의 생명을 대수롭지 않게 생각한다. 그래서 그 교수는 3일째 병원에 나타나서 응급시술을 하면서도 당당했다. 보호자인 나에게 이미 안좋아져서 병원에 도착했다. 그러니 기대하지 말고 마음의 준비를 해라. 이런 말만 했다. 이런 게 의료인으로서최선을 다한 모습인가? 약자인 내가 할 수 있는 건 하나도 없었다. 다만 내가 그 대학병원 총장의 지인이었다면 어땠을까? 몇 억을 기부했다면? 우리나라는 학연, 지연, 인맥 등이 중요하다. 아니, 이런 걸 내세우며 사는 사람들이 많다. '내 동창이 의사인데 나는 병원 가서 기다린 적이 없어. '내 동창이 우리집 사람이랑 나랑 종합검진 예약도 다 잡아주거든. 약 달라면 바로바로 처방해주고.' 어깨를 으쓱대며 자랑한다. 이런 사람들은 인맥으로 먹고 산다. 최선을 다하는 의료인은 응급환자가 있으면 어디서든 달려오는 사람이 아닐까? 과거에 일했던 과장도 늘 입버릇처럼 말했다. 내 동창이 오면 먼저 예약 잡아주고 이날 진료 보도록 하라고 말이다. 가장 싫다. 자기들만의 인맥을 과시하는 사람들 말이다. 왜 약자의 편에 서지 못할까? 동창이라는 이유로 늘 대접 아닌 대접을 받는 사람들이 싫다. 그들은 서로 웃으며 이야기 한다. 우리는 동창 아닌가? 그래서 약자보다 더 혜택을 받고, VIP 대접을 받는 것인가? 그게 진정한 의료인으로서 최선을 다하는 것인가?

과거에 응급실에 일할 때 일이다. 신경외과 과장의 전화가 왔다. 지인이 응급실로 곧 도착할 거니깐 CT 찍고 있으라고 말이다. 순간 나는 "과장님, 지금 응급환자 CT도 엄청 밀려 있어서요. 곤란하겠는데요."라고 했더니 과장은 언성을 높이며 수간호사 바꾸라고 소리쳤다. 높은 사람만 찾으면 다 해결될 것처럼 당당했다.

환자의 우선순위를 무시한 채 남에게 자신의 파워를 내세우는 걸 당연하게 생각하는 사람이었다.

이런 의사가 진정한 의사인가? 응급환자가 먼저다. 당신이 진정한 의료인이라면 말이다. 진정한 의료인이라면 응급환자를 먼저 살리려는 사람이 아닐까? 그놈의 인맥, 학연, 지연으로 늘 뭔가를 혜택을 보려는 사람들을 얌체라고 한다. "내 동창이 골프장을 운영하는데 말이야." "내 동창이 이사로 승진했는데 말이야." 이런 말이 정말 듣기 싫다. 나 역시 그런 동창이 있었다면 달랐을지 모르겠다. 다만 나는 다른 건 몰라도 환자의 생명을 다루는 의료인들은 달라야 한다고 생각한다. 그들은 언제 어디서든 최선을 다해야 한다. 진정한 의료인의 기본 자세에 공평이 밑바탕이 되어 있어야 한다. 오늘도 그 누군가는 당신의 진정한 손길을 기다리고 있을 테니깐.

나는 간호사입니다

이제는 바뀌어야 한다

이제는 의료계도 바뀌어야 한다. 변화하는 세상에서 아직도 우물 안 개구리 안에서 살고 있지는 않는가? 태움 문화가 잘못된 문화임을 알면서도 계속 전승하는 선배들을 보면 회의감마저 든다. 절대 자기는 아니라고 말하는 사람들, 의료 현장에서 실수는 용납이 안 되서 그랬다는 사람들, 자기도 당했다는 사람들 때문에 오늘도 누군가는 응급사직을 하고 누군가는 죽음에 이르게 된다. 문제가 있다고 생각하면 용기 있게 끊어야 한다. 아직도 내가 누군 줄 알아? 라는 고지식한 생각으로 목을 뻣뻣이 들고 다니고, 선배들은 내 말에 충성하라며 강압하고 실수라도 하면 잡아먹을 기세다. 이런 직장문화에서 의료인들은 환자에 치이고 사람에 치이고 멘탈이 털린 채 응급사직을 한다.

변해야 한다. 이제는 마인드를 바꾸고 내 시대에서 태움 문화를 끊어내야 한다. 서열사회라고 하지만 서로 존중하고 서로 배려하며 무엇보다 소통해야 한다. 병원장의 얼굴은 보기도 힘들고, 간호부장이라는 사람은 방에 콕 박혀서 하루 종일 무엇을 하는지 모르겠다. 자리만 차지하고 있는 사람들 아닐까 생각해 본다. 우연히 병원장 방을 들어갈 기회가 있었다. 넓은 공간에 온갖 상으로 도배가 되어 있었다. 옆 방에는 간이 골프장도 있었다. 순간 생각했다. 자기 자랑만 엄청 해놓으면 뭐하나? 병원에 출근은 했는지 골프를 치러 간 건지 알

수가 없는데 이 자리까지 올라오느라 얼마나 고생했을까? 라는 생각을 하면서도 한편으로는 일도 안하고 놀러 다니며 호사를 누리고 있는 건 아닌가? 라는 의심마저 들었다. 내 아는 병원 이사도 늘 입버릇처럼 말한다. 내가 젊었을 때 말이야. 선배들한테 얼마나 잘 했는지 알아? 새벽까지 술 마셔주고 주말엔 골프치고 연말엔 해외 여행도 같이 갔잖아. 자기가 이사라는 자리까지 올라갈 수 있었던 건 순전히 인간관계였다고 했다. 능력 없으면 어때? 가서 비위맞추고 줄 잘 서면 되는 거야. 술자리에서 늘 자기자랑을 해댔다. 이런 사람 마인드는 일보다 중요한 건 사람관계라는 거였다. 내가 가장 싫어하고 싫어하는 말이다. 사람관계가 중요하다고 양심을 버릴 순 없지 않는가? 그래서 주말에 응급환자 있어도 골프치고 술 마시는 게 옳은 일인가? 그 이사는 지금 병원에서 아주 편하게 살고 있다. 점심 약속도 늘 밖에서 우아하게 식사하면서 누구의 눈치도 보지 않고 말이다. 인간관계에 최선을 다하면서 아직도 위로 올라갈 자리만 호시탐탐 노리고 있다. 자기의 승진에만 눈이 멀어서 사는 삶이 진정한 의료인인가? 그는 지금도 나를 보면서 일개미처럼 일만 하지 말라고 말한다. 열심히 간호부장한테 아부하고 같이 운동도 하라고 말이다. 나를 볼 때마다 "나이 먹어서 한자리 차지해야지."라며 웃는다. 그런 말을 들으면서 씁쓸했다. 인간관계를 잘해서 승진하느니 내 방식대로 사는 게 훨씬 더 낫다고 생각한다. 진정한 의료인이 승진에 목매여 살까? 일개미로 일하는 나는 지금도 한 번씩 윗사람을 보면서 인성을 본다. 진정한 의료인으로서 일하는지, 자리 하나 차지하려고 일하는지 말이다. 병원도 바뀌어야 한다. 이 검사, 저 검사를 하며 환자에게 돈벌이를 하는 의사들도 있다. 환자를 위한 거라고 포장을 하지만 자신의 양심은 알고 있다.

몇 년 전에 일했던 곳도 그랬다. 환자가 배가 아프다

고 내원했는데 초음파를 강력하게 권유했다. 환자는 약만 타가고 싶다고 몇 번 말했지만 의사는 맹장일수도 있고 복막염일수도 있다며 초음파와 피검사, x-ray까지 오더를 냈다. 검사를 다 마치고 장염이라며 설명을 듣고 나온 환자는 나에게 신용카드를 내밀며 씁쓸한 표정을 지었다. "과잉진료 아닌가요? 어제 회 먹고 설사한다고 했는데.약만 달라고 했는데." 10만 원을 결제하고 갔다. 이 환자는 두 번 다시 이 병원을 오지 않을 거라 생각했다. 물론 혹시 모를 일에 대비해서 검사를 했겠지만 한 번씩 보면 과잉진료를 하는 의료인들도 있다. 서민들이 하루 종일 고생해서 버는 돈으로 병원 진료비를 낸다는 걸 안다면 어떨까? 이제는 진정한 환자편에서 내 가족이라 생각하고 의료를 해야 한다. 환자들도 이제는 다 안다. 의료지식이 없는 사람도 검색만해보면 다 안다. 그래서 환자가 몰리는 병원은 다 이유가 있다. 사람 냄새가 나는 병원, 인간적인 병원, 가서 돈을 쓰고 와도 아깝지 않는 병원으로 발걸음을 옮기는 것이다. 이제는 병원도 고객이 선택해서 당당히 갈수 있다. 끝까지 남고 싶다면 바뀌어야 한다. 환자 편에서 서서 바라보고 손잡아주고 함께 아파할 줄 알아야 한다. 당신은 어떤 의료인으로 살고 있는가?

우리에게 공평한 건 죽음

빨리 어른이 되고 싶었던 어릴 적 마음과 달리 지금 중년의 나이가 되니 가는 세월을 붙잡고만 싶다. 내 바람과 달리 하루하루의 시간은 빠르게 흐르고 있다. 의료인으로 일했던 지난 20년 동안 삶의 회의감을 많이 느꼈다. 살고 싶은 사람 앞에서 죽음은 냉혹했다. 주위의 모든 사람의 가슴을 찢어 놓았다. 우리 모두에게 공평한 죽음 앞에서 나는 하루하루 어떻게 살아야 할까?

늘 고민했다. 서로 짓밟고 올라간 권력이 내 삶을 충만하게 해줬나? 경제적인 자유를 통해 내 삶은 풍요로웠나? 경쟁의 시대에서 먼저 올라가는 사람이 마치 승자처럼 당당하다. 같은 동기가 승진해서 간호부장이 되고, 후배가 나보다 먼저 높은 자리에 올라가기도 한다.

나는 평생 일개미로 사는 중이다. 물론 그들보다 능력이 없어서 그렇다. 안간힘을 써서 높은 자리에 오르는 사람은 그 자리에서 행복할까? 화려한 커리어를 자랑하며 그 자리에 있는 자신이 떳떳할까? 어차피 올라가면 내려와야 한다. 언제까지 위만 쳐다보고 오를 수는 없다. 무엇보다 우리는 누구나 다 죽는다. 이 사실을 안다면 인생이 정말 허무하다. 젊을 때는 안간힘을 써서 올라가려 애쓰고 늙어서는 내려올 일만 남았기 때문이다.

나 역시 최근에 수간호사 자리를 놓고 위에서 고심하는 모습을 보게 되었다. 나는 웃으며 상대방에게 양보했다. 정말 그렇다. 위로 올라갈수록 뭐가 좋은지 모르겠다. 자기 자신에 대한 만족일까? 누군가에게 보이기 위한 포장일까? 위로 올라갈수록 쌓이는 건 책임감뿐일 텐데 왜 그렇게 위만 쳐다보고 사는지 모르겠다. 나는 요즘 직장이라는 큰 틀에서 조금씩 내려놓는 연습을 하는 중이다. 내 자리에서 최선을 다하는 게 진정한 직장인의 삶이라 생각한다. 지난 시간동안 나는 의료현장에서 많은 걸 보고 느꼈다. 그리고 가장 가슴 아픈 수많은 죽음을 보았다. 인생, 정말 별거 아니라는 말을 실감하는 중이다. 그러니 우리는 오늘도 각자의 자리에서 최선을 다해야만 한다. 내가 있는 지금이 훗날 추억이 될 터이니 말이다. 과거의 잘나갔던 CEO. 건물주, 전문직 사람들도 현재는 치매가 와서 과거의 자신의 모습을 기억조차 하지 못한다. 인생이 그렇다. 그 순간은 치열하게 살지언정 돌이켜보면 늘 후회와 자책만 남는다.

이런 걸 안다면 지나가는 지금 이 순간을 잘 살아내야 한다. 의료인으로서 환자에게 최선을 다하고, 서로 좋은 말을 하고, 긍정적인 에너지를 나눠줘야 한다. 결코 시간이 많지 않기에 이렇게 살아야 한다. 죽음이라는 테두리 안에서는 그 어떤 상황도 다 용서가 된다. 우리가 서로 화합하고 서로 사랑하며 살아야 하는 이유다. 특히 가장 약자인 환자에게 잘해야 하는 이유이기도 하다. 나는 정말 힘들 때마다 죽음을 생각한다. 공평한 죽음 앞에서 우리는 너무 사소한 일에 신경 쓰고 애쓰고 살지는 않는가? 라는 생각을 한다. 그러다 보면 모든 일도 용서가 되고 이해가 된다. 어차피 죽을 인생이라면 우리는 매 순간 많은 힘을 주며 살지는 말아야 한다. 중년의 나이에 나는 힘을 빼려 노력하는 중이다. 그리고 내 자리에서는 최선을 다하려고 한다. 그 무엇이 되었든지 말이다.

오늘도 새벽 5시 나는 찬물로 세수를 했다. 눈을 뜨고 찬 공기를 마시며 죽지 않고 살았다는 안도의 한숨을 쉬었다. 그리고 출근하기 전 열심히 원고를 쓰고 있다. 언제 눈감을지 모르는 우리의 인생 앞에서 각자 잘 지냈으면 좋겠다. 당신도 나도.

나는 간호사입니다

제5장
나는 간호사입니다

쉽지 않은 간호사의 길

왜 간호사의 길을 택했을까? 직장인 20년차에 내 스스로에게 질문했다. 힘겹고 힘겨운 시간을 견디고 버텨내느라 내 자신은 늘 뒷전이었다. 눈뜨고 일어나서 출근하고 태움을 당하면서도 묵묵히 참았다. 그게 내가 살길이라고 생각했다. 생존을 책임져야 하는 내가 감히 태운다고 대들거나, 누군가의 눈에 어긋나면 큰일이라 생각했다. 무조건 고개 숙이는 게 나의 살 길이라 생각

나는 간호사입니다

하며 버텼다. 월급 날 통장에 찍힌 숫자를 보며 또 한번 이 악물고 버텼다. 모진 태움과 막말의 댓가라 생각하면서 말이다.

결혼 후, 전업주부로 살고 싶다는 나의 꿈은 처참히 무너졌다. 아이 셋을 키우면서 현실은 냉혹했다. 옆집 외동은 몇백만 원 짜리 교구 수업을 하고 유기농 먹거리로 건강을 챙기고, 흔들리지 않는 유모차를 타고 외출시 옷도 명품이었다. 반면 아이 셋인 나는 문화센터조차 가보지 못했고 밤늦게 세일하는 음식들을 사기 위해 줄을 섰고, 물려받은 유모차는 시트에 얼룩이 보였고 외출시 고무줄 바지가 최고였다.

이런 내가 집에서 전업주부를 하며 편히 쉴 수 있었겠는가? 첫째가 3살 때쯤 마트에서 파는 망고를 보면서 먹고 싶다고 떼를 썼다. 주먹만한 수입산 망고 한 개가 7천 원인걸 보고선 그날 저녁에 간호사 구직 사이트를 샅샅이 뒤졌다. 아이들이 어린이집에 가 있을 동안 할 수 있는 일을 찾았다. 그렇게 인공신장실의 첫 발을 디뎠다. 첫째와 둘째가 연년생이었기에 둘째 모유수유 때 나는 병원의 문을 두들겼다. 그것도 난생 처음해본 분야인 인공신장실로 말이다. 육아도 해야 하고 일도 해야 했기에 내가 선택할 수 있는 최선이었다. 인공신장실이라는 생소한 분야에서 나보다 어린 간호사들에게 고개 숙이며 일을 배웠다. 나보다 경력이 많은 어린 간호사들은 나를 못마땅하게 생각했고, 조금한 실수 하나에도 오버액션을 취했다. 속으로는 욕이 나왔지만 살기 위해서는 "네, 네." 대답을 해야만 했다. 한번은 나보다 8살 정도 어린 간호사가 시트 정리를 이렇게 하면 어떡해요? 모르면 좀 물어보세요 라며 나무랐다. 알려주는 사람이 없어서 나름 열심히 했는데, 자기네들의 방식과 다르다는 이유로 그 어린 간호사에게 모진 말을 들어야만 했다. 가장 허드렛일도 두 손 걷고 했고, 남들이 하기 싫어하는 침대보 가는 것도 가장 많이 했다. 기계 청소하는 날에는 앞장서서 가장 많은 기계를 닦았다. 그 당시 그게 내가 사는 방법이었다. 그렇게 신장실에서 몇 년을 버티고 보니 중간 연차가 되었고 나름 간호사의 서열에서 구박받지 않는 서열에 끼게 되었다. 하지만, 악녀같은 사람들은 어딜 가나 있었고, 인성 쓰레기인 사람은 어딜가나 있었다. 그들 사이에서 지금의 내가 있기까지 정말 고단했다. 모든 직장인들의 삶이 그러하겠지만 간호사의 삶 역시 쉽지 않았다. 자기 기분대로 행동하는 윗사람들의 눈치를 보고, 수간호사의 말에 복종해야 하고, 막말하는 사람들 사이에서 내 마음을 지켜내기 위해서 하루하루가 얼음판을 걷는 기분이었다. 그럼에도 나는 간호사의 길을 20년 동안 달렸다. 참다 참다 안 되겠다 싶을땐 이직을 결심하고 사표를 던졌고, 내 마음이 다친 날에는 한없이 울기만 했다. 아무렇지 않는 듯 강한 척 하는 내가 안쓰러워 나를 위한 시간과 책을 선물하기도 했고, 나름 나를 잘 돌보며 지금까지 잘 버텼다.

앞으로의 간호사의 삶은 어떤 길이 펼쳐질지 사실 잘

모르겠다. 다만 지금까지 잘 견뎌온 내 자신이 대견하다. 우리는 하루하루 치열하게 견디며 살고 있는 중이다. 20년차 간호사가 된 지금 이제는 태움을 당하면 당당히 말할 수 있는 용기가 생겼고, 인성이 안 된 수간호사 비위 맞추느라 눈치 보지 않게 되었고, 내 감정을 솔직하게 표현하는 사람이 되었다.

쉽지만은 않는 간호사의 길이지만 중간 어딘가에 들어선 지금 이 순간, 나는 새로운 곳으로 이직을 생각하고 있다. 다양한 경험을 쌓고 다양한 사람들과 다시 한번 부대끼려고 한다. 쉽지 않지만 새로운 환경에 나를 노출시켜 더 단단한 사람이 되고자 한다. 물론 악녀들은 어딜 가나 나를 잡아먹으려 할 것이고, 인성 쓰레기인 사람들은 나에게 막말을 해대겠지만 이제는 괜찮다. 지난 시간동안 나는 내 마음을 지킬 충분한 방패막을 만들었으니 말이다. 달려보자..그리고 달리는 그 길이 내 길이 아니더라도 도전해보자. 새로운 도전은 늘 나를 설레게 한다.

살아야 한다
살려내야 한다

많은 사람의 목숨을 빼앗아간 코로나19가 원망스럽다. 며칠 전 투석실에서 봐왔던 환자의 사망소식에 우울했다. 며칠 동안 일을 할 수 없을 정도로 무기력했다. 왜 간호사가 됐을까? 로 시작된 깊은 고민은 늘어나는 사망자 수를 보면서 공포감에 사로잡혔다. 코로나 확진자 산모를 받아주는 병실이 없어서 구급차에서 분만을 했다는 소식을 들었을 때는 가슴이 철렁했다. 유리로 된 천장을 걷는 기분이었다. 언제 깨질지도 모르는 불안감에 잠이 오지 않았다. 환자들 역시 불안한 상황에 차라리 "죽고 싶다."라는 말까지 했다. 최선을 다하는 의료인들의 바램과 달리 환자들은 하루하루 위태로웠다.

자영업자들 역시 죽을 맛이라며 하소연했다. 옆집 이웃은 가게 정리를 하는 중이라며 남은 건 빚밖에 없다며 하소연했다. 평범한 일상을 앗아가버린 코로나19는 우리를 더욱더 불안하고 우울하게 만들었다. 투석 받는 한 환자는 코로나 확진을 받고 며칠째 고열로 고통을 호소했다. 차라리 죽는 게 낫겠다고 했다. 이런 모습에 나는 "힘내라." "조금만 힘내라."며 눈물을 감췄다. 할 수 있는 일이 없었다. 견디며 또 견디는 일밖에 말이다. 그 환자는 지금은 코로니19 후유증으로 힘든 시간을 보내고 있다.

의료인들 역시 지친 몸을 이끌고 일하면서 몇 몇은 사직서를 냈고, 몇 몇은 버텼다. 말은 하지 않았지만 서

　　　　나는 간호사입니다

로가 서로를 살리기 위해 안간힘을 쓰고 있었다. 힘들게 일하고 퇴근하는 어느 날, 공원 벤치에 앉아 하늘을 바라보며 깊은 한숨을 쉬었다. 그 옆에서 소주 한 병을 훌쩍 훌쩍 마시는 한 가장이 보였다. 왠지 모를 슬픔이 밀려왔다. 얼마나 힘들었으면, 얼마나 고통스러웠으면. 내가 가장 힘들다고 생각했는데 주위를 둘러보니 나와 비슷한 사람이 많이 보였다. 그 날 나는 가장의 무거운 어깨를 보면서 많은 생각을 했다. 어쩌면 우리 모두는 가장 힘든 삶을 견디며 살고 있는지도 모르겠다고 말이다. 뉴스를 보다가 자영업자의 자살소식을 들으면서 안타까웠다. 어쩔 수 없는 선택이 결국엔 죽음이었을까? 남아있는 가족들은 얼마나 슬플까? 다들 힘들다. 힘들지 않는 사람이 없다. 조금만 더 버티자. 그렇게 오늘도 나는 버티는 삶을 살고 있다. 동료들이 하나 둘 떠나는 그 빈자리를 나는 꿋꿋이 버티는 중이다. 방호복을 입고 환자들의 코로나19 검사를 하며 확진자를 분류하고 투석을 돌리고 있다. 의료인이기에 지금 내가 할 수 있는 일은 내 자리에서 의료인으로서 최선을 다하는 방법 밖에 없다는 것을 안다. 오늘도 다들 퇴근한 빈자리에 비닐 3개를 깔고 코로나 확진자의 투석을 돌리는 중이다. 격리실에서 그들 역시 가장 힘겨운 병마와 싸우는 중이다. 면역력이 약한 노인들은 그야말로 치명적인게 눈에 보인다. 그들의 거친 숨소리, 불규칙한 호흡을 볼 때마다 삶의 끈을 놓지 말아달라고 이야기 한다. "힘내라." 조금만 "힘내라."고 말이다. 의료인이기에 삶과 죽음의 고비를 넘나드는 환자들을 보며 늘 생각한다. 얼마나 힘겨울까? 그 옆을 지켜보는 의료인들도 힘든데 보호자들은 얼마나 가슴이 아플까? 우리는 작고 사소한 것에 목숨 걸고 싸우지만 환자들은 큰 산을 넘고 있다. 앞으로 또 넘어야 할 산들이 많다. 보호자들 역시 그 힘겨운 여정을 함께 걸어가야 한다. 의료인이기에 우리는 최선을 다해야 한다. 오늘도 묵묵히 하루를 버티며 최선을 다하고 있다. 그리고 살았으면 좋겠다고 간절히 기도한다.

힘들 때 일수록 버티자

직장생활 20년 차. 나는 오늘도 하루하루 버티며 살고 있다. 젊었을 때는 변화지 않는 조직문화가 싫어서 사표를 던졌고, 태움 문화가 싫어서 사표를 던졌고, 상사가 싫어서 사표를 던졌다. 한마디로 용감했다. 그리고 내가 깨달은 건 어딜 가나 만족할 수 없다는 사실이었다. 더 나은 곳으로 가면 좋을 줄 알았는데 아니었다. 잡아먹을 듯한 악마상사와 버릇없고 싸가지 없는 후배

가 어디에든 있었다. 몇 군데 이직을 하면서 내가 얼마
나 나약한지 알게 되었다. 지긋지긋한 직장생활이라고
해 놓고선 다시 구직 활동을 하고 있고, 조직 문화의 문
제점을 당당하게 말할 용기가 없었고, 강자 앞에서 고
개 숙이며 잘 보이려고 했었다. 나약한 인간의 한계였
다. 태움 문화를 없애야 한다고 강조하면서도 막상 병
원에서 태움 문화를 보면 어떻게 할 방법이 없었다. 그
러면서도 나 혼자 어떻게 조직을 바꿀 수 있겠어? 나
를 합리화했다. 간호부장이라는 사람 앞에서는 최대한
웃으며 인사를 했고, 잘 보이려고 나름 애썼다. 살기 위
한 어쩔 수 없는 생존법칙에 나 역시 끌려들어갔다. '이
건 아닌데. 이건 아닌데.' 말로는 하면서 행동은 하지 못
했다. 내가 할 수 있는 거라곤 사직서를 던지고 나가는
방법밖엔 없었다. 간호부장 앞에 가서 병원의 문제점
을 큰소리로 말하고, 선배 앞에 가서 왜 태우냐고 말하
고 싶었지만 그럴 수가 없었다. 용기가 없었다. 계속 다

녀야 하는 직장생활에서 내가 할 수 있는 건 조용히 고개 숙이며 버티는 방법밖엔 없었다. 그런 내 자신에게 한 번씩 실망하기도 했다. 코로나19가 터진 후 하루하루 치열하게 버티고 있다. 과거의 나는 사직서를 내고 나가면 끝이었지만, 지금은 내가 나가면 환자들은 누가 투석을 돌리나? 걱정이다. 환자를 위한 일이라곤 하지만 나는 오늘도 묵묵히 견디고 있다. 노동자의 삶이 원래 이런 건가? 누군가를 짓밟고 올라서야만 하고 경쟁하며 쓴소리도 견뎌야만 하는가?

힘들다고 울면서도 버텼고, 외롭다고 하면서도 버텼고, 화가 나도 버텼다. 이렇게 버티는 삶을 살면서 화병이 생기고 가슴에 시커멓게 멍이 들었다. 그리고 인내심이 생겼다. 죽을 거 같은 힘든 시간도 견디고 버텼더니 지금 살아서 숨 쉬고 있는 내 자신을 보았다. 견디고 버티는 자가 이기는 자라는 생각으로 오늘도 열심히 버티고 있다. 누가 이기나 해 보자. 오기가 생겼다. 내 지인 역시 직장인 20년차로 일하면서 그 누구보다 열심히 직장에 몸담았다. 그러나 이번 승진에서 탈락하면서 쓴 고배를 마셨다. 지인은 먼저 승진한 후배를 보며 괴로워했다. 사직서를 던지고 싶지만 코로나 시대에 갈 곳이 마땅치 않다고 했다. 생계를 책임져야 하는 지인은 그 누구보다 힘든 시간을 견디는 중이다. 편의점을 운영하던 남편마저 사업을 접고 집에서 구직 활동을 하는 현실에서 지인은 오늘도 묵묵히 견디는 삶을 선택했다. 후배의 지시를 받으면서 자존심이 상했고, 아래서 치고 올라오는 후배들 때문에 스트레스가 쌓여가지만 지인은 이 악물고 버틴다고 했다. 생존을 위해선 버티는 방법밖에 없다고 말이다.

우리는 이렇게 치열한 하루하루를 견디며 살고 있다. 내 옆의 모든 사람들 역시 치열한 하루를 보내고 소맥으로 힘든 시간을 달래며 견디고 있는지도 모른다. 당신만 힘든 게 아니라 우리 모두가 힘들다. 사표를 던지고 싶어도 던질 수 없는 사람들은 안다. 견디는 것만이 살 수 있다는 것을 말이다.

나는 오늘 맥주 한 캔을 따서 지인과 함께 브라보를 외쳤다. 지인도 나도 서로를 응원했다. 잘 견뎌보자고. 잘 버텨보자고.

바이러스가 우리에게 말하고 싶은 것은

코로나19라는 바이러스가 이렇게 무서운 병인 줄은 사실 몰랐다. 의료인인 나 역시 독감 바이러스를 몇 차례 걸려봤지만 약 먹으면 괜찮다고 생각했다. 그러나 코로나19는 달랐다. 전염력도 무서웠고, 합병증과 그로 인해 사망까지 치명적이었다. 지난 2년의 시간동안 우리는 그야말로 꼼짝할수 없는 전쟁을 했다. 아이들은 집에서 줌으로 수업을 듣고, 연일 뉴스에서는 거리두기 연장이라는 말만 되풀이했다. 위험을 감수하고 근무해야 하는 의료인은 방호복에 생명을 맡기며 하루하루 견뎌야 했다. 왜 인간에게 코로나바이러스가 찾아왔을까? 아니 앞으로는 어떤 무서운 바이러스가 우리를 침범할까? 어쩌면 자연이 우리 인간에게 내린 벌이 아닐까? 생각했다. 직장생활을 하면서 나는 사람의 욕심은 어디까지일까? 늘 생각했다. 높은 자리를 차지한 사람의 욕심은 끝이 없고, 낮은 자리에 있는 사람은 동료까지 짓밟으며 먼저 올라가기 위해 애썼다. 경쟁의 시대라고 하지만 알고 보면 인간은 이기적이면서 자기밖에 모르는 동물인 것 같다. 내가 편하면 그만이고, 내가 먼저고, 강자 편에 서기 위해 부단히 노력한다. 이런 이기적인 인간에게 자연이 우리에게 내리는 벌이 아닐까? 가만히 모든 걸 내어주는 자연 환경과 달리 인간은 늘 자기 것이 먼저인 사람들이니깐 말이다.

　병원에서 일하면서 나는 태움 문화에 대해 늘 심각하

게 고민했다. 절대 사라지지 않을 태움 문화는 나도 당했으니 너도 당해봐. 아니면 내가 선배니깐 내 말에 복종해. 어디 감히 네가? 등 이유가 다양했다. 늘 그 자리에서 지켜봐주고 응원해주는 자연과 달리 사람은 상대에게 바라고 기대하고 요구한다. 그리고 그게 안 되면 미워하고 원망하고 채찍질한다. 어쩌면 바이러스가 인간에게 침투한 건 잠시 멈추고 또 멈추라는 신호가 아닐까 생각해본다. 이기적이고 욕심 많은 인간에게 잠시 멈추고 자기를 살펴라는 신호 말이다. 그걸 우리가 알아채지 못하고 이기적으로 그리고 욕심쟁이로 살기에 무서운 바이러스가 인간세계에 왔던 건 아닐까? 그리고 새로운 바이러스가 또 등장하고 있는 건 아닐까? 생각해 본다. 잠시 멈추고 "자기 자신을 돌아봐라."라는 자연의 가르침은 아닐런지. 바이러스를 통해 우리는 낳은 걸 배우고 느꼈다. 인간은 한없이 작고 작은 존재라는 걸..그리고 무엇보다 자연 앞에서는 연약한 생명체

나는 간호사입니다

라는 걸 말이다. 늘 한자리에서 버텨주는 나무들, 꽃들, 아름다운 자연경관은 우리들과 달라도 너무 다르다. 서로의 그늘막이 되어주기도 하고 뜨거운 햇살을 가려주기도 하며 무엇보다 늘 모든 걸 내어준다. 우리들은 오늘도 강자의 뒤에서 콩고물이라도 떨어지기를 바라고, 약자를 짓밟고 먼저 올라가려고 하며 무엇보다 이기적인 사람들이다. 의료인으로서 나는 병원에서 일하면서 많은걸 느끼고 배웠다. 아프다는 건 서럽고 고통스러운 일이다. 그런 아픈 사람을 위해 따뜻하게 손을 내미는 사람이 되어야 한다. 내 승진에 목을 매고, 이중적인 성격으로 환자에게 쌀쌀하게 하는 사람은 의료인의 자격이 없다. 자연이 베푼 것처럼 우리도 아픈 사람을 위해 베풀어야 한다. 환자는 병이라는 죄목을 들고 온 죄인이 아니기에 말이다. 무엇보다 같이 일하는 조직 안에서 서로가 서로에게 따뜻한 사람이 되어야 한다.

태움문화는 반드시 사라져야 한다. 그러지 않으면 의

료계에 남아 있는 사람은 없다. 일도 힘든데 사람까지 힘든 건 최악이다. 아픈 환자를 생각하고 같이 일하는 동료를 생각하며 자연이 우리에게 말없이 모든 걸 내어 주듯이 우리도 누군가에게 내어주어야 한다. 간호사를 선택한 이유가 무언가? 당신은 어떤 의료인인가? 우리도 환자를 위해 모든 것을 다 내어주어야 한다. 그리고 늘 그 자리에서 변함없이 있어야 한다. 서로의 그늘막이 되어주고 산소가 되어주어야 한다. 잠시 멈추고 생각해 보자.

나는 간호사입니다

오늘도 간호사로 일하는 중입니다

선생님, 선생님. 이 쪽 저 쪽에서 환자들의 간절한 목소리가 들린다. 사실 처음에는 인공신장실에서 찬밥신세였다. 나이 먹은 초보 아줌마가 올까봐 겁먹은 표정들이었다. '내 혈관이 안 좋아서 찌르지 마세요' 부터 시작해서 바늘 뺄 때도 아프다며 내가 오는 걸 꺼려했다. 말 그대로 간호사 세계에서도 환자들 사이에서도 나는 자연스레 왕따였다.

진심은 통하는 법이라고 했던가? 굴하지 않고 환자

의 이야기에 귀 기울이고 혈관 지혈을 하며 정성스레 대했더니 한 두명씩 마음을 열었다. 사실 인공신장실은 까다로운 환자들의 집합체라고 말할 정도로 간호사들은 혀를 내두른다.

그렇게 몇 년이 지난 지금 환자들은 나를 애타게 찾는다. 어느 날, 나를 애타게 기다리는 한 분이 있었다. 내가 바늘을 찔러줘야 안 아프다며 다른 간호사들을 못 오게 했단다. 모든 간호사들은 나를 째려봤지만 나는 그 환자의 마음을 이해할 수 있었다. 그 후 간호사들 사이에서는 왕따였지만 환자들 사이에서는 인기 간호사로 불리었다.

바쁘게 일하는 와중에도 틈틈이 환자들의 이야기를 들어주고 아픔을 공감했더니 환자들은 그런 나를 좋아했다. 친절한 간호사라는 호칭까지 달아줄 징도로 감사했다. 한분은 대놓고 자기 혈관을 다른 사람이 찔러서 멍이 시퍼렇게 들었다면서 수간호사에게 나를 전담 간

나는 간호사입니다

호사로 해달라고 말할 정도였다.

수간호사는 안절부절 했지만 최대한 환자의 입장을 이해해주었다. 다들 간호사들끼리 잘 지내려고 노력하는데 나는 환자들과 잘지내려고 한다.

간호사들 세계는 늘 거리감을 두려고 애쓴다.

오늘의 아군이 내일의 적군이 된다는 걸 잘 알기에 말이다. 모든 걸 내어준 동료는 어느 날 내 뒤통수를 쳤고, 따뜻한 손을 잡아준 후배는 어느 날 수간호사에게 내 뒷담화를 했다.

간호사의 세계에 깊은 발을 담그지 않는 건 내 마음을 지키기 위함이다. 반면 환자들에게는 최선을 다했다. 아프고 약한 그들에게 내가 할 수 있는 일은 경청과 따뜻함이라는 걸 알기에 말이다.

간호사로서 아픈 기억들이 참 많았지만 환자들이 나를 기억 해 줄때마다 뿌듯했다. 그들의 입장을 조금이나마 이해해주는 간호사가 되려고 노력중이다.

어떤 환자는 아침식단에 나왔던 우유와 빵을 비닐에 담아 와서 나에게 건네기도 했고, 종이컵에 블루베리를 가득 담아 와서 주기도 했다. 작은 정성이지만 감동이었다.

아침을 먹고 오지 않는다는 걸 안다면서 건넸던 우유와 빵을 휴게실에서 혼자 꾸역꾸역 먹으면서 생각했다. 내 배고픔을 알아주는 환자의 따뜻한 관심에 내 마음이 오히려 치유된다는 사실을 말이다. 환자의 따뜻한 정을 고스란히 느낄 수 있었다.

오늘도 힘들지만 당당하게 병원으로 향하는 이유는 간호사라는 내 직업이 자랑스럽기 때문이다. 지치고 힘든 지난 시간들을 참고 인내했더니 지금은 성숙한 간호사로서 성장했다.

오늘도 나를 기억해주며 나를 바라보고 있을 환자들이 있는 곳으로 나는 씩씩하게 출근하는 중이다. 나를 필요로 하는 곳이 있다는 건 참 다행스럽다.

나는 간호사입니다

모든 간호사들이 그랬으면 좋겠다. 당신들을 기다리는 환자들이 많다는 사실에 자부심을 느끼며 내가 필요한곳에 출근하는 발걸음이 부디 가볍기를 바래본다.

나는 멋진 간호사

인생, 쉽지 않다. 자존감이 낮은 나에게 인생이란 정말 견디고 견뎌도 되는 게 하나도 없는 것이었다. 돈을 많이 벌기를 했나? 인정받기를 했나? 좋은 선후배를 만나기를 했나? 모든 답은 노였다. 낮은 자존감에 아래로 더 내려갈 수도 없는 자존감으로 하루하루 버티는 심정으로 살았다.

누군가는 간호사라는 전문직이 부럽다고 말했지만 내 속내를 보이기 까지 쉽지 않았다. 밥을 제시간에 먹기를 하나, 퇴근을 제시간에 하기를 하나, 뜬눈으로 잠을 설치며 출근을 하는 게 기본이다. 일하면서 화장실 갈 시간이 없어서 방광염을 달고 살고 두통으로 타이레놀은 늘 상비약이 되어 버렸다. 어깨 근육통과 손목관절 손가락등의 통증은 만성이 되어 약으로도 효과가 없다. 그렇게 견디다 보니 20년의 세월을 흘렀다.

지난 20년을 돌아보니 울기도 많이 울고 싸우기도 많이 싸웠다. 단단한 내 마음의 방패막을 뚫고 들어온 뾰족한 바늘은 지금도 한 번씩 내 가슴을 찔렀다. 저런 사람이 악마야? 사람이야? 라고 생각할 정도로 그 당시 치를 떨었지만 지금 생각해보면 그런 사람을 경험해 봤기에 더 심한 순간도 참을 수 있었다. 조금 긍정적으로 생각해보면 악마와 열심히 실랑이를 벌이다 보니 내 정신력이 강해졌다는 말이다.

눈물이 마를 새도 없이 두 눈은 퉁퉁 부은 채로 살았지만 그 덕분에 지금의 나는 웬만한 일에는 무시하는 습관을 갖게 되었다.

이력서를 써내려가면서 칸이 부족해서 뒷장을 넘겨야 할 정도로 많은 커리어를 쌓았다. 그런 나를 보며 누군가는 이직도 밥 먹듯 했다고 욕할지 몰라도 나는 다양한 경험을 맘껏 해본 간호사라며 스스로 만족을 했다. 이 일 해봤어? 이런 사람 만나봤어? 태움 당해봤어? 대부분 예스다. 나는 누가 뭐래도 멋진 간호사. 작은 손수건에 쌓여진 인절미 떡, 손수 쓴 편지, 이모라고 부르는 작은 천사들을 보면서 나는 지금껏 견뎠다. 환자들이 나에게 내어준 작은 사랑을 통해서 나는 멋진 간호사로 성장할 수 있었다.

힘든 시간과 힘든 환경을 함께 견뎌준 내 주위의 사람들을 통해 함께 웃고 울 수 있었다. 간호사의 삶이 결코 쉽지는 않으나 그만큼 보람과 자부심도 컸다. 오늘도 아픈 그들에게 따뜻한 미소를 보내고 옆에 있는 보호자의 손을 한번이라도 더 잡아주며 무엇보다 나 자신에게 떳떳한 간호사가 되려고 한다. 아파본 자는 아파본 자의 마음을 안다고 나는 이 세상 모든 사람들이 조금만 아팠으면 좋겠다.

삶이 비탈진 오르막만 되풀이 된다며 한탄하던 한때의 나는 지금도 오르막을 올라가며 숨이 차오르고 있지만 그 누구보다 오늘 하루에 집중하며 살고 있다. 다시 오지 않을 이 날에 최선을 다한 간호사가 되도록 말이다.

모든 간호사들이 멋진 간호사가 되길 진심으로 바래본다.

간호사라는 직업에서 인생을 배우다

간호사가 나의 어릴 적 꿈은 아니었다. 아픈 엄마를 보면서 막연히 의료인이라는 꿈을 갖게 되었다. 고3 시절, 야간 자율학습이 끝나고 스쿨버스를 타면 늘 이문세 씨의 '별이 빛나는 밤'에 방송이 흘러 나왔다. 힘든 시간을 버티게 해준 시간이었다.

의대 가기는 턱없이 부족한 실력이었기에 간호학과에 올 장학금을 받고 입학했다. 힘든 고3 시절을 그만해도 된다는 생각과 대학 입학이라는 두근거림으로 잠시나마 기뻤다. 아주 잠시 동안 느꼈던 행복감은 입학과 동시에 또다시 경쟁이 시작되었다. 새벽부터 도서관에 줄 서는 건 기본이고 도시락을 싸가지고 다닌 친구들이 많았다. 처음으로 인생이 고달프다고 느꼈다.

IMF 때 대부분의 사람들의 실직과 폐업을 보면서 불안함이 느껴졌다. 동시에 나는 취업 또한 어려웠다. 하루라도 일해야 하는 집안의 여건과, 취업의 어려움, 탈락이라는 쓴 고배를 마시며 우울함이 극에 달했다. 겨우 합격한 대학병원에서 일하면서 신규 간호사로서의 태움과 아픔을 몸소 느꼈다. '인생, 나만 힘든 거야?' 라며 울부짖었다.

친한 친구는 작은 아버지가 운영하는 병원에 쉽게 입사했고, 동기 언니는 부잣집으로 시집가서 편한 신혼을 즐겼다. 응급실에서 3교대 근무를 하면서 늘 녹초가 되었던 나는 인생은 불공평하다고 느꼈다.

아무리 긍정적으로 생각하려고 해도 내 상황은 최악

이었다. 응급실에서 일하는 후배는 남자친구의 차를 타고 출퇴근을 했고, 병원 동기는 직접 운전하며 키홀더를 손에 흔들고 출근했다. 뚜벅이었던 나는 고개 푹 숙인 채 땅만 보고 걸었다. 자신감은 지하 10층까지 내려갔고, 자존감이라곤 없었고, 그냥 인생 불공평하다고만 생각했다.

그러던 어느 날 나를 믿어준 언니가 갑자기 호흡곤란으로 중환자실에 입원하게 되었고, 삶과 죽음에서 힘든 시간을 보내게 되었다. 인생의 허무함을 느꼈던 그날, 나는 언니의 병간호를 1년 동안 하면서 하늘만 쳐다보고 살았다. 그냥 원망과 힘듦을 표현할 길이 없었다.

병원 옥상에 올라가 파란 하늘을 보면서 삶의 회의감을 몸소 느꼈다. 그렇게 언니가 기적적으로 살아나는 날, 나는 언니이 재활을 하면서 '인생, 다시 살아보자. 다시 힘내보자.' 라며 이 악물고 살았다. '인생은 원래 불공평해.'를 받아 들었고, '인생은 원래 불안한 거야.'

라는 걸 인정했다.

그 후부터 나의 성격과 생각이 바뀌었다. 무슨 일이 있어도 다시 일어났다.

'죽기보다 더 하겠어?' '힘든 일이 생겨도 오늘만 지나면 괜찮을 거야,'라며 견뎠다.

불면증과 우울감에 잠 못 들어도 그냥 버텼다. 뜬눈으로 밤새고 출근하고 밥 먹고 책 읽었다.

죽음까지 가본 자는 안다.

오늘 하루가 얼마나 소중한 줄을.

나는 아픈 가족들을 옆에서 보면서, 간호사로서 환자들을 보면서 많은 걸 배웠다. 오늘 하루가 나에게 마지막 하루라면 나는 어떻게 살아야 할까?

나는 충실하게 오늘 하루를 살고 싶다. 조금은 느리지만 조금은 서툴지만 그래도 나는 어제의 나보다 한걸음씩 걸어가려고 한다.

중년이 된 나에게 직장은 놀이터가 되었지만, 뒤돌아

보면 치열한 한때를 보냈다. 지금의 나를 있게 해주고

인생을 배우게 해준 나의 직업인 간호사를 존중한다.

나는 간호사입니다